人生に奇跡を起こす営業のやり方

田口佳史／田村 潤

Taguchi Yoshifumi / Tamura Jun

PHP新書

人生に奇跡を起こす営業のやり方

目次

序章　どうすれば営業の苦しみや迷いから脱出できるか

第一章　どうすればお客様と「いい関係」を結べるか

第二章　「自分の足で立つ」となぜ驚くほど能力が伸びるのか

第三章　逆境からいかに立ちあがるか

第四章　「自立するリーダー」になるには

第五章　「お客様満足と生産性向上」を両立させる営業戦略とは

第六章　なぜ営業という仕事で、人間的に幸せになれるのか

序章

どうすれば営業の苦しみや迷いから脱出できるか

そこにはとてつもない苦しみと、とてつもない喜びがある

田口　営業というのは、苦しみや迷いも多い仕事です。「なんで、こんなものを売らなければならないのか」などと考えてしまったら、とてつもなく苦しくなる。「よくも平気で、こんな達成できそうもないノルマを押しつけてくるな」と、上司や本社などを恨めしく思うこともあるでしょう。「どうして、お客様に、ここまでひどいことをいわれなければならないのか」と思ってしまうことだって、ないわけではない。

もっといえば、自分自身で自信が持てないような商品を売ってしまったときには、「自分はお客様を裏切ってしまったのではないか」という感覚を抱いてしまうこともある。外回りが多い場合、サボろうと思えばサボれないこともないですが、そういうことが習い性になると、だんだん心が蝕《むしば》まれていってしまう。常に、数字や人間関係に追われまくる感覚を抱きながら仕事をしている人もいるでしょう。

しかしその反面、実は営業ほど「人間的な幸せ」「人間としての成長」を得られる仕事も

ないのです。これは営業という仕事が、人を相手にするものであるのと同時に、何より、「自分自身を相手にする仕事」だからだと思います。

田村　おっしゃるとおりですね。私はキリンビールの営業の仕事をしてきましたが、自分の経験からいっても営業というのは、厳しい仕事であると同時に、とてつもない喜びの両面がある仕事だと感じています。

田口　田村さんのご著書『キリンビール高知支店の奇跡――勝利の法則は現場で拾え！』（講談社+α新書）を読ませていただいて、すごいと思いました。どの会社でも、営業で悩んでいる人が多いものですが、田村さんの本には悩みの解決のヒントがたくさん書いてある。

田村　ありがとうございます。おかげさまで、非常に多くの方に読んでいただけました。

田口　本を読ませていただいて気がついたのは、田村さんのやってこられたことを、私の専門である東洋思想から見ると、非常に相通じる部分が多いということです。本書では、田村さんが営業の現場で考えてこられたことと、私が学んできた東洋思想とを重ねあわせながら、「営業という仕事が、なぜ人間的な成長や幸福をもたらすのか」について考えていきたいと思います。

田村　それは、私もぜひお願いしたいことです。営業現場からの発想だけで考えると、実感としてはわかるのだけれども、言葉にできないというか、表現しがたく思えることが多くあります。特に、「営業の喜びとは何か」などということについては、どれだけ語ろうと思っても難しいところもある。そのような部分を東洋思想を学びつつ考え、また言語化できるのは、とてもありがたい機会です。理論と実践が響きあうということですから。

田口　ある意味では、営業現場で主体的に努力していくというのは、私から見ると「修行」と同じです。実は東洋思想の「修行」というものは、幸せになるための方法なのです。別に座禅を組まなくてもできる。日々の仕事を「一つひとつ丁寧に、まごころこめて」やるだけで、それが修行になる。修行とは続けているうちに自己向上の要点がわかってくることをいうのです。幸せとは、大切なことがわかってくることなのです。そう考えるのが日本の伝統的な考え方です。

田村さんも、ご自身で営業活動に打ち込んでいくなかで、幸せになったのではないかと思いますが、いかがでしたか。

田村　たしかに、そういう面があったように思います。キリンビールが売れなくなって非常に苦しい時期がありました。特に、高知支店はひどい状態だった。色々な手を尽くしたつもりだったのですが、何をやってもうまくいかない。それで私は、自分の心の置き場を変えたのです。「売ろう」「売ろう」とするのではなく、「どうしたらお客様に喜んでもらえるか」と、考え方を変えた。

すると少し時間はかかりましたが、すべてがうまくいきはじめた。打つ手、打つ手が全部うまくいくようになりました。不思議な感覚でしたね。変な話に聞こえるかもしれませんが、何か、宇宙の大きな温かい力に強く後押しされているような気さえしてきたのです。

私が退職するときに、一緒に仕事をしたメンバーたちが送別会をしてくれたのですが、みんな「人生が変わった」「幸せになった」といってくれました。これは嬉しかったですね。みんな、「誰かのためにと思うと、ものすごく頑張れた。幸福感を得られた」というのです。

田口　そこが読者の方にいちばん伝えたい部分です。なぜ、営業に打ち込んで、「人生が変わった」のか。「幸せになった」のか。

「営業はつらいもの」と思っている人が多いけれども、実は営業を突きつめていくと、驚くような幸せをつかむことができるのです。

田村　私たちは、営業をすることによって「幸せになるための修行」をしていたということでしょうか。考えてもみませんでした。

田口　実際、そうなのです。営業という日々の仕事を一生懸命にするだけで、それが修行になって、幸せになれる。本書では、このことを明らかにしていきましょう。

どういうときに、おもしろくなるのか

田口　さて冒頭で、営業というのは、苦しみや迷いも多い仕事だと述べました。いま悩んでいたり、つらく感じていたりする営業職の方々も多いことでしょう。しかし、悩んでいるのは、けっして一人だけではありません。もっといえば、会社組織の下の立場にいる人だけではなく、経営者も多くの悩みをかかえています。

私はそのような悩みをうかがうことが多い立場ですが、そのような悩みをうかがうとき、「ところで、あなたは若いころ、スポーツは何をされていましたか?」と、よく聞いています。すると、「若いころ野球部に入っていました」などという答えが返ってきます。

そこで、「最初から楽しかったですか」と問いかけます。すると、皆さん振り返って「下級生は下積みですから、最初は楽しくなかったですね」とか「きついことばかりでした」などお答えになります。

「では、どういうときに悩みよりも、おもしろさが上回りましたか?」とお聞きすると、「しょっちゅう辞めたいと思っていましたが、辞めようかと思うと、いい感じで打てたり、ファインプレーができたりしまして」「おもしろくなったのはレギュラーになれて、勝てるようになってからですね」などとおっしゃる。

こういうお答えをいただいたら、「いちばん苦しいとき、辞めたくなるのはいつでしたか」と問いかけます。すると、多くの方々が「いまから振り返ると、もう少し頑張ったらグンと伸びるときが、いちばん苦しいタイミングだったかもしれませんね」と気づかれます。

そうなのです。「苦しいとき、辞めたいときが、伸びるとき」なのです。つまり、苦しい、つらい、だから辞めようかなと思うときというのは、いまこそが伸びるタイミングだということを知らせているのです。その局面でどのように考え、どのように行動するかが重要になるのです。

田村　思い当たりますね。「苦しいときこそ、伸びるとき」というのは、わが身を振り返っても、とても納得できます。

田口　だから、いまが苦しくて悩んでいる方に伝えなければならないのは、「いまの状況だからこそ、もう少し頑張ってみてはどうですか」ということです。あともう少し頑張ったら、悩みから抜け出す大きなヒントをつかめるかもしれない。ここでやり抜いたら、自分の力がグンと伸びる可能性が高い。ぜひ、そのように考えてみてはどうでしょうか。

五年後に会社は消滅？――急激なシェア下落

田口　では、どのように頑張ればいいのか。いかにやり抜けばいいのか。それについて考えていく前提として、序章ではまず、田村さんがやってこられたことを簡単にお話しいただけますか。田村さんの前著をもう読まれた方には、おさらいを兼ねてお読みいただければいいですから。

田村　わかりました。私は、一九七三年に入社して、キリンビールの岡山工場の労務のセクションで働きました。私が入社したころは、キリンビールのシェアは六割を超えていました。工場の生産能力さえあればシェアが八五％になるという数字も出て、このままいくと独占禁止法に抵触するから大変なことになるといわれたこともありました。

高いシェアが当たり前になってしまって、キリンはだんだん内向きの会社になっていきました。お客様を見る必要がなくなって、社内でエネルギーを使うようになった。そうなると、当然のことながら会社の体質は弱くなっていきます。

状況が一変したのは一九八七年。アサヒビールが『アサヒスーパードライ』を出したときのことです。これが大ヒットして、キリンはどうしていいかわからず、右往左往するばかりでした。三年後にキリン『一番搾り生ビール』の発売が成功し、シェアは五〇％で下げ止まりましたが、キリンの内向きの社風はそれほど変わりませんでした。

私は、そのころ東京の本社で営業の企画立案をしていましたが、一九九五年に、「高知支店に行ってくれ」という内示を受けました。簡単にいえば左遷です。社内では「もうこれで田村は終わりだ」といっている人もいたそうです。

田口　左遷ということは、それだけ高知の市場が厳しかったということですね。そのとき高知支店はどのような陣容だったのですか。

田村　支店長として高知支店に赴任しましたが、メンバーはわずか一二人。支店長を含めて営業が一〇人。営業をサポートする内勤の女性が二人でした。

しかも、ちょうどそのタイミングで、キリンは自社をさらに苦境に陥《おとしい》れるようなことをしてしまいます。私が高知支店に赴任した翌年の一九九六年に、キリンは、長年トップブランドだった『キリンラガービール』の味を変えたのです。若い人に人気の『スーパードライ』に追い抜かれそうだったので、若者向けの〝苦みを抑えたビール〟をつくらなければいけないと考えたのですが、これが大失敗。お客様は、雪崩《なだれ》を打ったようにキリンから離れて、アサヒビールに移っていきました。

キリンのシェアは、五〇%から一気に四〇%をめがけて落ちていきました。このままいけば、五年後には会社がなくなってしまってもおかしくない状況だと思いました。

自分の会社に「存在意義」があるのか？

田村　高知では、「ラガーのあの苦い味がいい」とおっしゃるお客様が多くて、その分、ラガービールが変わってしまった打撃が大きく、対前年比で高知が全国最下位になってしまった。多くのお客様は人気のあるアサヒを飲みたいと思っていますから、問屋さんや酒屋さんを回っても、キリンを相手にしてくれない。何とかお願いして置いてもらっても、次に行ったときには、もうアサヒに変わっている。そんな状況でした。

営業の人たちは、ものすごいストレスで、一〇人のうち三人が病気になってしまいました。追い詰められて途方に暮れる状態ばかりです。「キリンは、この世の中に必要のない会社じゃないか」とまで考えました。

田口　自分の会社が世間から必要とされていないのではないか、というところまで思い詰めなければいけないのは、何とも厳しい状況ですね。

田村　毎日「なぜ味を変えた」とお客様に怒られていましたから、何カ月も「キリンに存在意義があるのかどうか」と考えつづけました。

そのときに思い浮かんだのが、入社したときの岡山工場でお世話になった仲間たちでした。工場の人たちは一生懸命にビールをつくり、キリンを支えてきた。みんなが「キリンの品質」に誇りを持ち、「美味しいビールをつくろう」と一生懸命になっていた。それを思い起こしたとき、ふっと心が軽くなったのです。「やはり百年の歴史と品質本位、お客様本位の理念を持つキリンは残すべき会社だ。日本人に愛されてきたキリンは守るべきブランドだ」という結論に至りました。会社の存在意義と自分の存在意義をようやく確認できたのです。

それからは、自分の行動が変わりました。売ることよりも、「とにかく、お客様に喜んでもらうこと」を考えました。

田口　そこはとても興味深いですね。会社の存在意義をどう自分の肚《はら》に落とすか、別の言葉でいえば会社の経営理念をいかに自分のなかで確立するかは、本当に大事な部分です。この本はPHP研究所からの発刊ですが、PHP研究所を創設された松下幸之助さんも、経営理念の大切さをつとに強調されていました。

松下幸之助さんでいえば、「命知」という言葉が有名です。昭和七年の春、ある宗教団体の本部に赴《おもむ》いた折に、信徒の人たちが喜びに満ちて働いているのを見て、幸之助さんは考え込んでしまうわけです。自分の会社では社員に給料を払って働いてもらっているが、あんなに喜びに満ちて働いてくれているだろうか。経営とは何だろうか、自分の事業の真の使命とは何か――。そのことを考えつづけた幸之助さんは、ハッと気づきます。

「水道の水は加工され価《あたい》があるにもかかわらず、道ばたの水道水を通行人が飲んでも咎《とが》められることはない。量が豊富で安価だからだ。松下電器の真の使命は、物資を水道の水のごとく安価無尽蔵に供給し、この世から貧をなくし、楽土を建設することではないか」

この使命に気づいたとき、幸之助さんは感激に打ち震えたといいます。そして昭和七年五月五日、当時の全店員一七〇名弱を一堂に集めて、この産業人の使命を発表するわけです。すると、店員もみな大いに感激しました。若い店員から幹部店員まで、次々に壇上に上って興奮しながら所感を発表します。あまりの熱気で、午前十時に始まった会が午後六時まで続いたほどでした。パナソニック（松下電器）は、以来、この昭和七年五月五日を、使命を知った日ということで「命知元年」とし、創業記念日としたのでした。

田村さんが「やはり、百年の歴史と品質本位、お客様本位の理念を持つキリンは残すべき会社だ」と心の底から納得された話は、この松下幸之助さんのエピソードに通じるものがありますね。しかも興味深かったのは、田村さんが得心されたきっかけが、キリンの工場などで一生懸命働いている仲間のことを思い浮かべたことだという点です。「とにかく、お客様に喜んでもらうこと」という気づきを得たのが、「仲間の社員たちが、誇りを持って頑張っている姿」からだったというのは、とても大切なことだと感じました。

もちろん、それはキリンが素晴らしい伝統を重ねてきた会社だったからです。実は、どんな会社であっても、必ずそういい面があるのです。それに気づけるかどうかは、自分自身が、会社や仲間や仕事に対して、どれだけ真剣に向きあっているかによるのです。

そもそも「修行」は頭でするものではない

田口　田村さんはご自身で、いわば「使命」に気づかれたわけですが、「使命」に気づいた先のことが、必ずやあったはずです。高知支店のメンバーにどのように伝えたか、また、「お客様に喜んでもらう」ために、メンバーに何をしてもらったのか。そこはいかがですか。

田村　セールスのメンバーには、自分が気づいた「キリンを残すべき意義」を語ったうえで、「このままいくと、会社は滅びるかもしれないけど、われわれは立ちあがろう」といいました。そして彼らに、「お客様に喜んでいただくために、何をするのか」ということを考えてもらい、実行してもらったのです。まず、お客様のところに行かないといけないということで、訪問店数もそれまでの五倍以上になったと思います。

田口　とにかく、「数を回る」という基本中の基本を徹底したのが、すごいですね。頭だけで考えてもダメなのです。冒頭で、「営業は修行のようなもの」といいましたが、そもそも修行とは頭でするものではありません。むしろ頭は「無」にして、身体《からだ》でするものなんです。

しかも田村さんは、「お客様のため」ということで、お客様を回る考え方も変えた。

田村　「お客様に喜んでもらう」ということを理念に掲げましたので、セールスは、売るために回るのではなく、自分たちの思いや商品の良さを伝えることになります。それまでは、「キリンを置いてください」とお願いして歩いていたので、ただただ追い返されるばかりでした。たとえば、飲食店さんにお願いに上がるときは裏口から入っていくのですが、だいたいは仕込みの真っ最中ですから「この忙しいときに、売れなくなったキリンが何しに来た！」と怒られるのが普通です。

最初は何を伝えていいかわからないので、相手に尋ねるしかありません。「キリンビールについてどう思いますか」「このままだと、キリンはつぶれてしまいます。どうしたらいいでしょうか」などと聞き回っていました。

するとお店の人たちも、「キリンのポスターは文字ばかり多いから、貼りたくない」などと教えてくれる。せっかく教えてくださったのですから、次に行くときには、文字を少なくしたポスターを持っていきます。お店の人は喜んでくれて、「いますぐはキリンビールをとれないけれど、そのうちに考えるよ」といってくださる店も、だんだん出てきました。

「社長は、お客様に対して卑怯です」

田口　そのようになれば、状況がどんどん変わっていきますね。

田村　おっしゃるとおりです。四カ月くらいすると、メンバーたちは「回ることに身体が慣れてきた」といいだしました。さらに徹底して飲み屋さんや酒屋さんを回るようになりました。これは、高知の人の素晴らしいところでもあり、日本人の素晴らしいところでもあるんですが、一生懸命にやっている人には応援してくれる人が必ず出てきます。「今度、村祭りがあるから、手伝いに来てくれたら、キリンを置いてやる」とか「次の宴会のときには、キリンにしてやる」という人が出てきました。

お客様に話を聞いたときに、広告のことを教えてくれる人もいました。全国一律の広告では高知の人間には伝わらないというのです。高知では、「おいしい」というより、土佐弁で「ごちゃんとうまいね」といったほうが伝わるとか。

そこで私たちは、土佐弁で広告をつくりました。何とかして「キリンは高知の人のことを大切にします」というメッセージを広く伝えたかったのです。

色々調べてみると、一人当たりのラガーの消費量は高知県が全国一位でした。それにお礼をしたいと思ってキャンペーンをしたところ、それで売り上げが一％変わりました。

「高知のお客様のため」という理念は、地元出身の営業サポート役の女性社員の気持ちも大きく動かしました。「私がやるんだ」と見違えるように変化していきました。

一人の女性社員は、本社から社長が巡回してきたときに、社長との懇談の場で「ラガーの味を元に戻してほしい」と直談判しました。社長が「それはできない」と答えると、「社長は、お客様に対して卑怯です」と詰め寄りました。

その後、思わぬことが起こりました。社長が東京に戻って、新聞記者に「ラガーの味を戻す」といって記事になったのです。

早速私たちは、「高知の人の声で、ラガーの味を元に戻しました」とキャンペーンをしました。これには、高知の人たちも大いに喜んでくれました。

実は私たちは、高知のお客様から、「キリンラガービールは、自分にとって大事なものなんだ。子供のころに両親がラガービールを本当に美味しそうに飲んでいた。だから、墓参りにもラガーを持っていく」とか、「会社で嫌なことがあっても、冷たいビールを飲むと疲れがとれる。明日は頑張ろうという気になる。だから、キリン、しっかりしろ」などということを聞いていました。だからこそ、何としても頑張りたかった。こんなふうにキリンを大切に思ってくださっているお客様がたくさんいるのに、われわれが頑張らないわけにはいきません。数字を上げることが目的ではなくて、高知の人たちに喜んでもらうことを自分たちの使命だと考えるようになったのです。

「好循環」はいかにして生まれるのか

田口　まずは、高知支店の「将」たる田村さんが、「とにかく、お客様に喜んでもらおう」と「心の底」から思った。それを支店のメンバーにも伝えていった。メンバーも最初は半信半疑だったかもしれませんが、このように結果が出てくれば、どんどん「好循環」が生まれていきますね。

田村　支店のメンバーたちは、「高知のお客様たちは全国でいちばんラガーを飲んでくださっているのだから、どの店に行ってもキリンが置いてあるようにしなければ、お客様に申し訳ない」と心の底から思うようになりました。

飲み屋さんでいうと「カバレッジ」という指標があって。何％のお店にキリンが置かれているかという数字が出ます。そのころは四五％くらいでした。これを四六％とかにするのではなく、一〇〇％にしないといけない。そうでないと、高知の人がどの店に行ってもキリンを飲める状態にできない。そう思ったメンバーたちはあらゆる工夫をしながらお店を回りました。一年目でカバレッジは、四五％から五〇％に上がりました。

お客様が喜んでくださり、成果が上がりだし、ますます「お客様のためにやる」という気持ちが強くなって、メンバーたちは燃えに燃えました。人数も増やしていませんし、予算もそれほど増やしていないのですが、毎年カバレッジが五％ずつ上がっていきました。八年後には九〇％にまで達しました。

キリンの全国販売シェアが毎年二％ずつ下がっていくなかで、高知県全体の販売シェアだけは逆に二％ずつ上がっていきました。二〇〇一年に、ついに高知県では、キリンがアサヒからトップシェアを奪還しました。

キリン本社も、最初は、高知支店のやり方をよくわかっていませんでしたが、実績がどんどん上がるものだから、「高知に学べ」ということになって、会社全体が少しずつ動いていきました。地方が本社を動かしたのです。

田口　なるほど。東洋思想の観点からいいますと、「命《いのち》が喜ぶことをすると、物事はうまくいく」のです。命が喜ぶときというのは、意欲を持って生きているとき。具体的にいえば、何かを生み出しているときなどが典型です。

お客様など、他の誰かのために燃えに燃えているというのは、まさにそういう状況ですね。人数も予算も増やさずに実績が劇的に上がるというのは、組織図や数字などの上っ面《つら》だけを分析していたら、ありえないことのように思えてしまいますが、実際には起こりえることなのです。「見えない部分」がやっと向上しだしたのです。

田村　私も含めて、高知支店に優秀な人間がいたというわけではありません。ただ、ひたすら「高知の人のため」と思ってやりはじめたら、見違えるように変わっていきました。つまり、「心の置き場」を変えることで、すべてが変わっていったのです。

その後、私は、四国の地区本部長として高松に行き、さらに東海地区本部長として名古屋に赴任しました。最後は本社勤務となりました。

高知で生まれたスタイルは、どこに行っても通用しました。その後の私は、高知の遺産で食べていたようなものです。四国でも名古屋でも本社でも、数字が反転していきました。

田口　本当に素晴らしい経験ですね。「どこに行っても通用する」ということは、生半可なことではありません。

最近、ビジネス書コーナーに行って営業の本を探すと、一見すると役に立ちそうな本がたくさん置いてあります。しかし、それらは小手先のものであるということが、田村さんのお話を聞いているとよくわかります。

田村さんが営業現場でつかんだものも参考にしながら、私たちは営業という仕事について、何を学び、何を考えるべきなのか、早速、考えていくことにしましょう。

第一章

どうすればお客様と「いい関係」を結べるか

主体性を持たないと、営業は「つらい」ものとなる

田口　とかく営業というのは、一般的には、3K職場だと思われています。もちろん、どの仕事にも悩みはついて回るわけですが、こと営業の仕事に携《たずさ》わった人は、どうしても壁にぶつかることが多い。誰かに買っていただかなくてはいけない仕事ですから、自分だけでどうこうできるものではありません。そこに様々な悩みも生まれてきます。長年、その営業という仕事に携わってこられた田村さんから見て、営業はつらいものですか。

田村　「営業はつらい」といわれますし、私もそういう気持ちを持ったことはあります。最初に営業配属された大阪支店で、口ベタの私は、商談前に入った喫茶店で暗い表情をしていたのでしょう。初対面のオーナーの奥様から「頑張んなさいよ」といっていただいたシーンを忘れられません。けれども、いまから振り返ってみると、つらい、きついと思うのは、「自分の主体性を十分に発揮できていないから」ではないかと思います。

上からいわれたことだけをやっているだけでは、おもしろみなんてありません。上からいわれた数字を、上からいわれたとおりに追いかけて、数字がいかずに怒られる。上からいわれたやり方でお客様を回って、お客様から怒られる。上からいわれたとおりに一生懸命にやっているはずなのに、怒られてしまうのですから、つらくて当然です。

キリン高知支店の営業も、かつてはそうでした。本社からいわれたことを、それなりに忠実にやっていたのです。しかし、まったくうまくいかない。一生懸命やっている仕事が何の役にも立たない。そのことをわかりながらやっている。ここにストレスを感じ、病人まで出てしまいました。本当に情けなかったです。

田口　一〇人のうち三人も病気になったということでしたね。

田村　そうです。色々と悩んだ末に、私がメンバーにいったことは、とても単純なこと。「もう本社のせいにしないで、俺たちで考え、俺たちでやろう」。それだけです。

つまり、主体性を持つということです。それまでのように、上からいわれたことを、ただ一生懸命にやっているだけでは、何の工夫も生まれない。やりがいもまったく感じられない。追い込まれて、精神的に参ってしまいます。

主体性を持つと、自分で考えるようになります。もちろん本社からの指示はやらなければいけないのだけれども、それよりも、目の前にいるお客様にどうすれば喜んでもらえるだろうかと、真剣に考えるようになりました。

すると、お客様は「この人は、自分のために一生懸命に考えてくれている」と感じるから、お客様といい関係ができてくる。こうなると、色々とおもしろみが出てきて、だんだん、きついとは感じなくなってくる。むしろ、お客様にお喜びいただいた満足感や喜びが高まっていくのです。すると不思議なもので、いつの間にか数字がついてくるようになる。

主体性のない人間にとっては、営業はきついです。放っておいたら売れなくなる時代ですから、ものすごくきつい。しかし主体性を持てば、相手との関係をつくろうとするから、本社からの指示を、ただオウムのようにお客様に伝えるということではなくなる。

自発的に、お客様が何を考えているのか、何をしたいのかを聞いて、それに対して答えを持っていく。あるいは事前に予測し、準備しておく。そうすることで信頼関係ができ、結果的に売り上げが上がっていくのです。

田口　序章で、「東洋思想の観点からいうと、命が喜ぶことをすると、物事はうまくいく」

と述べました。自分自身で考えて、工夫して、何かを生み出しているときは、自分の能力が発揮できていて楽しいと感じるのです。それは、自分の命が活発に動いていて、喜んでいる状態といってもいい。

田村　実感としてよくわかります。「お客様のためにやることが自分の使命だ」と考えると、意欲が湧いてきて、色々な知恵が出てきました。人間のあふれる潜在能力が、次々に開花していく感じでした。

田口　それは、主体性の「主」という字は、もともと「」、つまり燭台《しょくだい》に炎が灯《とも》っている状態を表わしています。心に炎が灯っていますから、何事も率先してやるようになるのです。

動天驚地の極大の事業も、すべて自分自身から生まれる

田口　ところが実際には、主体性を持てない営業の方々が多い。なぜだと思いますか。

田村　自立しようとすると、失敗したときに上の人から「お前が勝手にやって失敗したん

だ」といわれて、立場がなくなってしまうし、また経験がない。「自立しろ、自分の足で立ちあがれ」といわれても、どうしていいかわからないし、また、怖くてできないのではないでしょうか。

上からいわれたことをやっていれば、サラリーマンとしてはリスクはありません。ダメだったら、上のせいにできますからね。だけど、それでは「命令のままに」会社の奴隷のようになっているのと同じです。命も燃えないし、精神も病んでしまいかねません。

自分で考えてやっていれば、たとえ失敗しても、「次はどうしようか」と考えることができる。壁を乗り越えようとする。乗り越えると、次の景色が見える。そこで成長し、自分の道を、自分で決めていける人生になります。

リスクはあるけど主体性を持ってやるか、リスクが怖いから奴隷のようにやらされるか。どちらのほうが自分が幸せになれるか、ということです。

田口　江戸後期の儒学者の佐藤一斎が『言志四録』という書物を遺していますが、その第一巻の『言志録』に、次のような言葉があります。

「士は当《まさ》に己《おの》れに在《あ》る者を恃《たの》むべし。動天驚地極大《どうてんきょうちきょくだい》の事業も、亦都《また す》べて一己《いっこ》より締造《ていぞう》す」

佐藤一斎は、西郷隆盛など幕末の志士にも大きな影響を与えた人物です。この言葉一つを読んだだけで、その理由がわかる気がします。つまり、人任せではないのです。自分で何ができるかを考える。いや、むしろ「天を動かし、地を驚かせる」ような極大の事業も、すべて自分自身独りでもやるのだと考える気持ちから生まれるのです。それだけのものが自分自身のなかにはあるのだという誇りを持って人生を歩む。

また、佐藤一斎の『言志録』には次のような言葉もあります。

「士は独立自信《どくりつじしん》を貴《たっと》ぶ。熱《ねつ》に依《よ》り炎《ほのお》に附《つ》くの念起《ねんおこ》すべからず」

ここでいう、「熱に依り炎に附く」とは、燃え盛る炎のように力もあり勢いのあるものに依存し、その意見に付き従ってしぶしぶやるというほどの意味です。会社でいえば、上司の命令や本社からの指示などは、まさにそのようなものかもしれません。

しかし、そういうものに盲目的に唯々諾々《いいだくだく》と従うのではなく、「独立自信」を貴ぶことが大切なのです。もちろん、反抗すればいいということではありません。盲従するのではなく、自分自身で考えよということです。そして、自分自身の責任において行動せよということです。

これらの言葉は、意味を考えるというよりも、この言葉のまま読んで、そのリズムを自分の身体のなかに入れたいですね。この言葉を胸に秘めているだけで、上司から怒られることが怖くて奴隷のようにやらされてしまう悩みは吹き飛びます。

お客様の声から「自分たちの天命」を知る

田村　勇気が湧いてくる言葉ですね。実際、これまで述べてきたように、たしかに主体性を持って現場を回りだすと、お客様のほうから教えてもらえることが多くなります。

お客様は、「堂々としていればいい」とか「こうあってほしい」など色々と教えてくださる。だったら、お客様が思ってくださっているようなキリンになればいい、お客様の一〇〇％の期待どおりの会社になればいい、われわれの使命はそこにあると考えたのです。

それまでは、みんな普通のサラリーマンだから、上からの指示を一生懸命にやることが仕事だと思っていました。しかし、そうではなくて、お客様の期待どおりの会社になることが使命だと思うと、あとは、とにかくやるしかない。

田口　顧客が使命に気づかせてくれたということが、すごいところです。東洋思想の言葉を用いるならば、「天が知らせてくれた」ということです。ビジネスにおける「天」というのは「顧客」です。顧客の声から、「天命」すなわち「天から与えられた使命」を知ったということです。

田村　東洋思想ではそういう捉え方になるわけですか。使命だけでなく、すべて「天が知らせて」くれました。戦略もお客様から教えてもらったようなものです。お客様に「どうしたらいいですか」と聞くと、「人気のあるビールが飲みたい」という。「じゃあ、どういうふうになると、人気があると思いますか」と聞くと、ほとんどのお客様が「どこでも、いつでも、たくさん置いてあることだ」とおっしゃる。

それなら営業の力で、飲み屋さんでもスーパーでも、キリンがいちばん目立つところにある状態にすればいい。全国ではアサヒビールが人気があっても、高知ではキリンビールが一番だと、高知のお客様に思ってもらえばいいわけです。

お客様がそれを望んでいるのだから、そうしなければいけない。本社が何をいってこようと、お客様のご期待に応《こた》えることのほうが重要なのです。

どこに行っても、キリンが目立つところに置いてあるようにするには、高知の店を全部回らなければいけない。それまでのように、一つの店に二十分、三十分かけていると、全部の店を回れなくなる。稼働効率をどうするのかを考えて、一つの店を三分で回ろう、というような工夫が出てきた。

スーパーマーケットの棚も、全部キリンにしないといけないことになりますが、当時はアサヒビールのほうがはるかに勢いがあったから、売れないキリンのセールスの言葉はなかなか聞いてくれません。それでついつい、「今月は景品をつけますから、二〇〇ケースとってください」など、売り込むためのお願いばかりになってしまう。

しかし、そんなお願いをされても、お店からすれば売れないものなど置きたくはありません。キリンが売れているときにはお願いを聞いてくれましたが、売れなくなったら誰も聞いてくれなくなります。

売り込もうと思っても無理だから、スーパーマーケットの方々のお話を一生懸命に聞くしかありませんでした。スーパーにはスーパーのロジックがあって、魅力的な売り場づくりをどうするか困っていらっしゃった。だから、一緒に売り場づくりを考えて、汗を流した。

二カ月や三カ月では、売り場の状況はもちろん変わりません。お客様はアサヒを飲みたいわけですからね。だけど、一年もすると、売り場がキリンに変わっていった。それで、キリンの売り上げが伸びていったのです。

優秀なセールスほど、相手の話を聞いている

田口　キリンを売ろうとしたのではなく、高知のすべての店にキリンを置くということに徹したのが、すごいですね。

田村　なにしろ多くのお客様から「どこでもいつでもたくさん置いてあると、人気があるように思う」と教えていただいたのですから、それをやるしかない。可能か不可能かの話ではないし、他の道はないのです。

特売企画も、それまででしたら受注数を上げることしか考えていませんでした。しかし、お客様のことを第一に考えると、特売企画を活用し、お客様に手に取っていただきやすいところにたくさん並べ、ブランドの価値を伝えよう、ということになる。ブランド力を上げる

ための工夫が積み重ねられていきました。ブランド力が上がると、キリンを飲んでいただいているお客様が喜んでくださるわけです。

田口　「自分たちの商品を売ろう」というよりも、「どうやったら、お客様とお店の役に立てるか」という発想ですね。

田村　そうです。商品を売るためのキャンペーンというよりも、お客様やお店の役に立つためにキャンペーンを利用させてもらった、という感じです。それまでは、キャンペーンは本社からの「指示」と受け取っていましたが、お客様にメッセージを伝える「手段」として使った。本社が力を入れているのですから、自分たちで考えて、自分たちの現場に落とし込めば、お客様に情報を伝えるにはちょうどいい機会になるのです。

田口　自分たちの使命を、顧客から気づかせてもらう。まさに、顧客の声から「自分たちの天命」を知る活動ですね。

田村　私が見るかぎり、優秀なセールスほど、相手の話を聞いているものです。ダメなセールスは、オウムのように上司からの指示をしゃべって終わりです。

そもそも、セールスがいくら売りに行ったって、お客様がちょうどそれを求めていらっしゃるタイミングでもないかぎり、ただただ余計なお世話なわけです。どれほどキリンのことを訴えても、「それは、キリンの都合だろ」と思うだけで、話も聞いてくれない。キリンが人気がなくなってからは特にそうでした。

聞くことは、とても効率的です。お金もかかりません。相手から一〇個教えていただいたら、そのなかには必ず、いくつか「なるほどな」と思うことがある。それだけは、きちんとやる。それを相手に報告すると、ものすごく喜んでいただけます。

田口　人間は、無視されると腹が立ちますが、きちんと受け止めて、聞いてもらうと嫌な気はしません。きちんと答えを返せば、「じゃあ、次回来たら、もうちょっと考えてやろうかな」という気持ちが生まれてくる。

田村　おっしゃるとおりで、われわれも高知のお客様に喜んでもらいたいと思うから、お客様一人ひとりに対して丁寧になっていった気がします。それまでは、「やる仕事がいっぱいあって手が回らない。面倒くさいなあ」という感じでしたが、お客様のお話を、ものすごく真剣に聞くようになりました。

田口　以前は、本社からいわれて「やらされている」と思っていたわけです。「やらされている」と思っていて、顧客一人ひとりに対して心を込められるはずはありませんね。

田村 そうなのです。本社からいわれたことだけを、やっていた。みんな忠実なキリンの社員ですからね。「やりました」と本社に報告すると、本社は安心する。覚えもめでたくなる。だけど、「お客様のために」やっているわけではなかった。本社のための内向きの仕事であって、お客様のための外向きの仕事ではなかったのです。

本当に「お客様のため」になることを考える

田村 正直なところ、以前は、あまりお客様の話を聞きたくありませんでした。どのような商品やサービスもそうだと思いますが、お客様の話をうかがうと、けっこうなご要望や苦情がありますからね。

田口 ビール業界の場合は、どのような要望や苦情が寄せられるのですか。

田村 一例としてあげるなら、当時よくあったのが、飲食店の新規開店などの折に「記念なので、もっと協賛してほしい」とか、「生ビールの大樽をこれだけの数、サービスしてくれないか」などとお願いされるケースでした。

このようなときも、「お客様のため」をどう考えるかで対処が変わってきます。中途半端に「お客様のため」と思っていると、とにかく何でもかんでもお客様のご要望に応えることが正しいと思ってしまう。しかし、それは正解とはいえません。

お客様のご期待に応えるために「どこでもいつでもたくさん置いてある」ことを実現するのだ、という考え方を自分の肚《はら》に落としていると、考え方が少し変わってきます。というのも、こちらが無理をしすぎてしまったら、継続的にご提供することができなくなってしまうからです。赤字になるようなことを続けることはできません。そうなってしまったら、逆にお客様のご期待に応えられない「無責任」な状況になってしまいます。

田口　そこは重要なところですね。本章でここまで考えてきた、「自分の頭で考える」ということと「お客様の声から、自分たちの天命を知る」ということを同時に問われる、象徴的な事例です。お客様は、本当は何を喜んでくださるのか。真剣にお客様の声に耳を傾け、真剣に汲み取らなければならないということですね。

田村　おっしゃるとおりです。何より、お客様を不快にさせてしまうのは、「不公平」です。「あそこにはサービスしたのに、自分にはサービスしてくれない」ということになったら、お客様は満足されるどころか、むしろ不満ばかりが高まってしまいます。

こういうときは、とにかくメンバー同士で情報を共有することが大切になります。メンバーで情報を共有して、上司にも相談し、「こういう場合は、こうしよう」という暗黙のガイドラインができあがっていれば、「私どもは、ここまでやらせていただきます」「申し訳ありません。かくかくしかじかの理由で、そこまではできません……」「しかし、このようにさせていただきます」などと対応することができるようになっていきます。

そのようにきちんと対応できれば、むしろお客様も「しっかりした会社だ」「信頼できる」と思ってくださることも多いものです。

田口　このお話は、アサヒビールに大いに押されていた時期にキリンビールの営業最前線で活動されていた田村さんがおっしゃるから、余計に深い意味が滲《にじ》み出てきます。なぜなら、相手に押されている側は、どうしても勝つために無理をしたくなるからです。田村さんも、勝つためには無理もしなければ……とジレンマを感じられたのではないですか。

田村　お客様からの値引きやサービスの要請を、すべて断わるのは愚ですし、みんな受けるのも愚です。この両方のケースは、営業担当者が自分の頭で考えず、自分で努力していないことが失敗の要因です。

田口　「できない」ことをお客様にお伝えするのでも、もし営業担当が、お高くとまって杓子定規《しゃくしじょうぎ》に「うちは、ここまでしかできません」と言い放ったら、お客様は「なんだ、感じの悪い」ということになってしまいます。しかし、お客様のことを思って口に出した言葉だと、伝える言葉も、伝わるメッセージも、まったく違ってくる。ここには、まさに「深くて大きな差」があります。心がどこに向いているのか。自分の都合ばかりを考えての言葉なのか、本当にお客様のことを思っての言葉なのか。それは、微妙な違いですが、間違いなくお客様に伝わっていくでしょう。

田村　本当に「お客様のため」になることとは何か。それをお客様に聞き、自分たちで考えるようになって初めて、クレームも含めて、真剣に聞けるようになりました。クレームへの正直・誠実な対応が、キリンファンを増やしたこともよくありました。「お客様のため」と思ってやりはじめたら、相手のご要望をきちんと聞けるようになり、それを叶えていくうちに、お客様がキリンファンになってくださるようになった。その積み重ねです。

本当の「顧客満足」とはどういうことか？

田村　高知支店の合言葉は、「上司を見るな。ビジョンを見ろ」でした。上司はどうでもいいのです。ビジョンだけを見る。

誰がいちばん重要かといえば、上司でも社長でもない。お金を出してくださっているお客様であるはずです。しかし普通は、お客様よりも、上司の顔を見て仕事をしています。与えられた目標達成が、評価、処遇、給与に結びつくからです。

田口　そこは、多くの会社員にとっての落とし穴ですね。とかくサラリーマンは、自分の給与を、上司あるいは経営者からもらっているように思いがちです。たしかに、人事評価されて給与が決まっていくわけですから、そう考えてしまうのも、しかたがない。

しかし、考えてみれば、給与の源泉は、お客様が出してくれたお金以外にはありません。社長がお金を出しているわけでも、本社がお金を出しているわけでもない。まさにおっしゃるとおり、いちばん重要なのは、お金を出してくださっているお客様なのです。

このような感覚こそ、本当の「顧客第一」でしょう。世の中に「顧客第一」と口でいう人はごまんといますが、その多くが、本社からやいのやいのといわれると、本社の意向ばかり聞いてしまう。上司から指示されたら、顧客のためというよりも、上司の覚えがめでたくなるように動いてしまう。本当に、「顧客にとって何が大事か」ということを判断基準にしているか、胸に手を当てて考えなければいけません。

田村　「顧客満足」という言葉がありますが、顧客満足が、売らんがためのものになってしまっているケースが多いように思います。私たちも最初はそうでした。

ところが現場を回って、多くのお客様とお会いして、色々なことを聞けば聞くほど、「顧客満足こそが使命なのだ」と心から思うようになるものです。特にユーザーが喜んでいてくださったり、期待してくださったりしている場面に何度も出合うと、そう思います。ファンのありがたい声が、どんどんとわが身に染みてきます。そう思えるようになると、自分のステージがガラリと変わった気さえするものです。

田口　CS（カスタマー・サティスファクション：Customer Satisfaction：顧客満足）はアメリカの、とある会社がつくった言葉です。その会社の業績がとても厳しい時期に、あまりに売れないので、社長が相手には素性を隠してセールスについていった。セールスマンは必死に売り込みをかけるのですが、そのセールスマンが少し席を外した折に、相手のお客様が、そこにいるのが社長であることを知らないものだから、こんなことを口にした。

「あんなに、あなたのためだといっているけれども、結局、自分の成績のためでしょ?」

社長は、それで開眼したといいます。相手の人間は、全部見抜いている。見抜かれているのだから、もっと本質的に考えていく必要がある。それで、顧客満足というのは、従業員満足(ES=エンプロイー・サティスファクション)が成り立っていなければダメだという考え方も生まれてきた。そして、本当に顧客のためとは何かをみんなで考えてみようということになった。お客様のためになっているかどうかを、お客様に採点してもらうことに全部変えた。すると、グッと業績が上がったといいます。

田村　いまのお話はとても興味深いです。売らんがためでも、本当にお客様のためでも、口では両方とも「顧客満足」という言葉は使うわけですね。表面的には同じことをいっている。しかし、売らんがための顧客満足なのか、本当にお客様のことを考えた顧客満足なのかで、相手に与える印象も成果も、まったく変わってくる。

田口　要するに、「自分たちだけの世界」に孤立するか、「全員の世界」へ入っていくかなのです。別の言葉でいえば、「内向きの世界」から「共鳴・共感の世界」へ入るかどうか。ここが重要なのではないでしょうか。

田村　「共鳴・共感の世界」は、どんどん広がっていく世界ですが、「自分たちだけの内向きの世界」に入ってしまうと、どんどん閉じ籠《こ》もってしまうので、社内で問題が生じやすいですね。閉鎖的な社内では暴力（ハラスメント）や不祥事が起きやすいのです。

田口　江戸時代の教育で親がいちばん見たくないのは、自分の子が子供たちの仲間に入れず、ひとりぼっちで遊んでいるような光景でした。そういうとき、親たちは子供をこう諭《さと》したといいます。

「世間（社会）は誰と誰からできている？　決まっているじゃないか、自分と他人だ。じゃあ、自分は何人だい？　一人だろう。それに対して他人はたくさんだ。つまり自分勝手に自己中心的になった途端に孤立して、ひとりぼっちになってしまうんだよ」

さらに、こうも諭します。

「お前が嫌いな人間はどういう人間だい。自分勝手な人だろう。つまり、自分本位な人間はみんな嫌いなんだ。孤立しないで人から嫌われない人間になるためには『徳』だけは忘れるなよ。『徳』というのは、自己の最善を他者に尽くし切ることなんだ」

江戸の親はそのようなことを子供に教えたのです。

「水」のようになれば、お客様の心に入っていける

田口　営業というのは、お客様の心のなかに入っていかなければいけません。ここで、老子や荘子が説いた「老荘思想」の神髄を少しお話ししますと、「水」から学ぶことなのです。水は、形を持たないので、相手の形に合わせることができる。どこにでも染み込んでいけます。

「今日はこの新商品の説明にうかがいました」とまくしたてる営業担当は、顧客に「こちらの形に合わせろ」といっているのと同じです。ベテランの営業担当になると、「何かお役に立つことがないかと思って、今日はうかがいました」という。そこで「こんな問題がある」と聞くことができたら、その解決のお手伝いをする。相手の「形」に合わせるのです。

キリンビール高知支店の方々が、徹底的に高知の人に話を聞くことができたのは、まさに「無」の気持ちで、水のようになっていたからではないでしょうか。だからこそ相手の心の形に合わせて、相手のなかに入っていくことができた。

田村　おっしゃるとおりだと思います。飲み屋さんを回っても、売れないビールメーカーのセールスの話なんて、なかなか聞いていただけません。そこで飲み屋さんが困っていることをお聞きするようにしたのです。飲み屋さんが困っていることは、だいたい三つくらいに絞られます。その三つの答えを用意しておく。そのうえで困っていることをうかがって、解決していきました。もちろん答えが出ないケースもありますが、そういうときは一緒に考えました。そうすると、いろんな工夫が出てきて、お客様に喜んでいただけた。そもそも、お得意先の考えていることは各々違います。それぞれの正解を見つけ、クリアできるようになりました。営業の一人ひとりのレベルが上がり、成功例や失敗例が即時に共有化され、強いチームができあがっていく。そこから連戦連勝が始まっていきました。

普通の、まじめなサラリーマンは、本社から指示されたとおりにやろうとするから、「今月はウイスキーを何本、焼酎を何本」と考えて売ろうとする。一生懸命やるけど、売れない。そうではなく純粋にお客様のことを考え努力し、工夫し、そういう積み重ねのなかでメンバーが無心になっていった気がします。

田口　『老子』という書物の偏用第四十三に次のような言葉があります。

「天下の至柔《しじゅう》にして、天下の至堅《しけん》を馳騁《ちてい》す。無有《むゆう》にして無間《むかん》に入る」

この文章の教えは二つです。一つは、「雨だれ石をも穿《うが》つ」といいますね。水滴は弱いものですが、繰り返し同じところに落ちると、石に穴を開けるほどの力がある。同様に、弱いものほど、堅いもの強大なものを思いのままに動かすことができるということです。そしてもう一つが、いま述べてきたように、水には形がないから、どこにでも入っていけるということです。いわば、聞き上手になって相手の懐《ふところ》に飛び込むことの重要性を説いているといえましょう。「たいへん勉強になりました」と謙虚に感謝していると、どんどん情報が入ってくるようになるのです。

田村　「雨だれ石をも穿つ」で思い出しましたが、高知時代に、ライバルのアサヒのセールスで、成果が出なくても同じことを何度も繰り返している人がいました。本人はわからないかもしれませんが、周囲から見ていると、あるときに突き抜けることがよくわかるのです。敵に回すと、いちばん困るタイプなので、顔を合わせたときに思わず「頼むから転勤してくれないか」といってしまったことがあります。

もう一つ、水のように形を融通無碍《ゆうずうむげ》に変えて、相手の懐に飛び込まなければならないというのも、まさにそのとおりですね。

「嫌な相手」とうまくつきあうためには、どうしたらいいか?

田口　いま、水のたとえをお話ししましたが、営業という仕事では、色々な相手に会わなければいけません。誰に対しても、こちらが合わせていかなければいけない。しかし、人間ですから、どうしても合わない相手があるものです。営業先には、気の合わない人や嫌な人もいるかもしれません。それでも営業職である以上、どんどん会いに行かなければいけない。それが嫌でたまらないという人も、当然いるでしょう。

田村　私も、ある街で営業をしたときに、得意先に嫌な相手がいました。しょっちゅう怒るし、変なことばかりいってくる。対応していると、大変でしかたがない。

困ったなあ、と思って、色々な人から話を聞いてみた。すると、その人が嫌いだという人が、たくさんいました。そう聞いて、私はずいぶん気が楽になりました。「そうか、自分だけうまくいかないのではなくて、みんなそうなんだ」と思ったからです。

それからは、その人のところにどんどん行くようにしました。人があまり寄りつかないのですが、私は行って、きめ細かく報告したりした。足繁《しげ》く通ったら、相手も興味を示してくれて、最終的には、とてもいい関係を結ぶことができました。

営業は受け身になったら、うまくいかないのです。受け身になると、言い訳ばかりしなければいけなくなります。仕事は何でもそうだと思いますが、攻撃に入っているとミスも目立たなくなる。足繁く通って信頼関係ができていれば、多少のミスがあったとしても何とかなりますが、あまり行っていない先でミスがあると、相手は怒ってしまって、手の打ちようがなくなるのです。

守りに入ったら営業は終わり。どんどん行ったほうがいい。気持ちとしては、「これで、うまくいかなければ、もう行くのをやめて、他のところでその分を取り戻そう」と思っていればいいのです。そういう気持ちがあれば、大丈夫です。

田口　東洋思想では、「嫌い」なのは「自分に責任がある」という解釈です。いま流行の「マインドフルネス」は、仏教の「唯識論」から来ています。唯識とは「ただ心だ」ということで、すべては自分の心の作用なのだと考える。心を変えれば、すべてが変わるのです。相手のことが嫌いだという場合、「嫌い」という自分の視点ばかりに囚《とら》われてしまっているから、ますます「嫌い」になるわけです。そこで心を変えてみると、見え方は一変する。

相手と人間関係をつくるときの大事なポイントは、相手を主体だと考えて、「合気」、つまり「気を合わせる」ことなのです。

気というものは、どんな人にも合わせることができるくらい、ものすごく多様性がある。自分だけで凝《こ》り固まるのではなく、その多様性を信じることです。

気の合わせ方の初歩の初歩を具体的にいうと、相手を絶対に否定しないこと。否定語を使わないことです。相手が何かいったときに、「それは間違っていますよ」といった瞬間に、雰囲気が荒れてくる。相手を否定しないで、「そうなんですか。なるほど」ということが、気を合わせる最大のポイントです。

合気というのは、合気道という武道にも通じるものです。合気道といえば、人を投げ飛ばすイメージをお持ちの方が多いでしょう。あれは、相手が力を加えてきたときに、それに負けないように押し返して投げ飛ばしているのではありません。相手の力に反発するのではなく、相手が押してきたその力を利用しているのです。

いま、レジリエンスという言葉が経営用語になっていますね。これは、「復元力」「耐久力」などと訳されますが、いってみれば柔軟性のことです。東洋思想の基本は、柔軟に相手に合わせるところにあります。先ほど述べた「水」のように、どんなふうにも柔らかく形を変えて、相手の心に染み込んでいく。こちらがこだわればこだわるほど、堅くなれば堅くなるほど、うまくいかなくなる。相手に合わせたほうがいいのです。

相手に合わせることで、自分が自由になれる

田村　お客様との関係だけでなく、上司との関係も同じですね。上司との関係も「水」のようにやったらいい。仕事をしていくうえでは、上司に自分の考えていることを認めてもらわないといけないわけです。ならば、上司はお客様だと思えばいい。お客様である上司に合

わせる。これは、「迎合する」という意味ではありません。

田口　おっしゃるとおり、「気を合わせる」ことは「迎合」ではない。迎合というのは、自分がそんな要素をまったく持っていないのに嫌々合わせること。そうではなくて、自分が持っている多様なものを柔軟に使って、相手と気を合わせるのです。

田村　そのためには、多様な考え方を自分自身のなかに培《つちか》っておかなくてはいけません。そうして自分の色々な引き出しから、いちばん合うものを取り出して対応する。

田口　人間はそんなに単純な存在ではなくて、もともと多様な要素を持っているのです。ところが、人間には「こだわり」というものがある。「こだわり」が入ってくると、自己中心的になり、自我が現われてくる。「俺に合わせろ」という感じになって、うまくいかなくなるのです。

常に、自分自身のなかに多様なものを培っておいたほうがいいのです。色々なことをやってみることも大事でしょう。博物館や美術展などあちこちに足を運ぶことも大切ですし、色々な本を読んだり、雑多な情報を積極的に取り入れたりしておくことも必要です。どこかのスポーツチームなどに入れ込んで、ファン同士で交流するのもいいでしょう。さらに会社ばかりでなく、たとえば自治会などの地域社会との関係とか、旧友たちとの関係とか、趣味の集まりの関係とか、様々なシチュエーションに身を置いていれば、自ずと多様な人間関係への受容性も高まるでしょう。

自分が持っている多様なものを使って、相手に合わせようと思った瞬間に、苦手な人はいなくなるのですよ。

田村　「相手に合わせることは、自分を抑圧することだ」と思っている人も多いですが、逆なのですね。「相手に合わせることで、自分が自由になれる」。世の中には多様な考え方や価値観があることを知っておいて、お客様に合わせ、上司に合わせれば、苦手な人がいなくなるのですから、むしろ自分が自由になれるのです。

田口　会社の上司から伝えられた言葉に反発することもありますね。部下が発した言葉に怒りを覚えることもあるでしょう。組織は方針にせよ、指示にせよ、言葉で行なわれるわけですから、「言語化」というのは重要な要素です。

しかし、老子は「言語を信用しすぎるな」といいます。世の中は、言語で表現できないことばかりだと。やはり、あまり言語に頼ってしまうと、正確な情報は得られない。

その対極に、「意を汲む」という世界があります。社長の意を汲んでとか、所長の意を汲んで、などとよくいう。「意を汲む」の「意」をどう書くかといえば、「心の音」と書きます。われわれは、いわば心のなかで鳴っている音を言語にするわけですが、全部を言語にできているかといえば、そんなことはありません。言語にできていない「心の音」を察するのが、「意を汲む」ということです。

本当に上司がいいたいところは、ここなんだろう。部下が考えているのは、こういうことだろうと「意を汲む」。実はそうしてこそ「自分が自由になれる」のです。その領域までチームがいけば、「以心伝心」になる。そこまでいけば、すごい世界になります。

対立よりも「共感・共鳴のゾーン」に入る

田口　さらにいえば、若い人は「自分は未熟だ」と思っていたほうがいい。そのほうが伸びていく。若いうちから、変な「こだわり」に凝り固まるより、もうちょっと肩の力を抜いて、「自分は大したことがない」「伸びしろは、まだまだある」と思ったほうがいい。

田村　若い人だけでなく、一人の人間の考えていることなど、大したことはないのです。だから、下手に決めつけると自分の幅を狭めてしまう。謙虚な人のほうが成長するのです。

田口　「水」のようになって、相手に合わせると、相手と対立しなくてすむ。私は、誰かとケンカして愉快だったことは一度もありません。対立すると自分が不愉快になるのです。自分の心が硬くなって、不自由になる。

田村　私の場合は、ケンカすると頭に血が上って、どうしても尾を引いてしまいます。何日間も引きずってしまうことがよくありました。

田口　それは誰でもそうです。変なケンカになって、遺恨《いこん》にならないはずがないのです。必ず何らかのわだかまりが残ってしまうものです。たとえば社内の人間関係や部署関係も、お互いにエゴをむき出して対立する構図は、何とも見苦しい。自分たちの視点だけに閉じ籠もってしまうと、小さな違いで対立するようなことになりがちです。

そこで変に決めつけず、相手に合わせることを考える。もっといえば、そこにたとえば、「お客様のため」という新しい視点を入れる。すると、まったく視野が変わってきます。そのようにして視野を広くすれば、「なんだ、結局は同じ志を持った同志なんだ」というように見えてくる。むしろ、「お客様のためにやっていこう」ということで、対立する構図から、同じ方向を向いて歩んでいく構図に変わっていく。

田村　もし、われわれ高知支店の行動で「自分たちの成績を上げるため」ということが透けて見えたり、「われわれは売り上げが上がっているんだから、いうことを聞け」などという感じだったりしたら、他の支店の人たちや本社の面々も、きっと共感してくれなかったことでしょう。しかし、「お客様のため」だといって動きだしてしまったものだから、むしろ周りが共感してサポートしてくれた。

田口　人間としての「共鳴・共感のゾーン」に入ったのです。高知支店の活動を見て、高知県の人も、キリンの人も、多くの人が「それは、いいですね」「素晴らしいですね」と共鳴し、共感できた。そのことは大きい。みんなが望んでいるのは、対立闘争ではなくて、共鳴、共感性なのです。共鳴して、みんなが奮い立ってしまうようなゾーンがあるのです。

田村　対立から新しいものが創造されることも、ないことはないけれど、共鳴や共感のほうが、はるかにたくさんのものが生み出されると思います。固まってしまうのではなく、むしろどんどん共鳴して、世界が広がっていく方向性ですから。

「客観視」すると袋小路から脱出できる

田口　「共鳴・共感のゾーン」のありがたさや素晴らしさを、誰もがしみじみと痛感するのは、自分が本当に信頼できる人に、的確なアドバイスをもらえたときではないでしょうか。これはまさに、変なケンカの対極です。信頼できる人は、会社の人にかぎりません。学校時代の先輩でも、尊敬する親戚でもご近所の方でも、誰でもいい。「この人のいうことは確かだ」というアドバイザー的な人の存在は、本当にありがたいものです。

田村　私も、しょっちゅう意見を尋ねたり相談したりしていました。自分の考えを言葉にすると、曖昧模糊《あいまいもこ》としていたものがはっきりしたり、自分の意見を客観視できるようになりました。これは非常に助かりました。

客観視できることは、とても大事ですね。そうしないと、自分の頭のなかだけで堂々巡りになって行き詰まってしまいます。一人だけで考えていると消耗して疲れてしまいます。

田口　客観視ということについていいますと、田村さんが『キリンビール高知支店の奇跡』に書かれた話で、とても印象深かった部分があります。改革の前段階に、田村さんが「ラガーの味を元に戻すべきだ」と本社で開かれた全国支店長会議で主張し、本社のマーケティング責任者とケンカになってしまったあとのシーンです。以下、引用しましょう。

「どんな理由があるにせよ、全社の重要な決定に異を唱えるのは、サラリーマンとしてはリスクのある行為です。

会社の言うことを忠実に実行していれば大過なく過ごせるでしょう。けれども、『ラガーの味を戻すこと』以外の方策は考えようのないことも現実でした。

しかし、このまま主張し続ければ、自分は会社にいづらくなり、キリンを去らなくてはならなくなるのでは、という予感がします。そうなると食べるための仕事を探さなくてはならない。

この会社は自分がリスクを背負ってまで立て直さなくてはならない価値のある会社なのかどうか。自分の内面の問題になっていきました。そのことをわたしは毎日考え、ノートにメモ書きのような形でまとめていきました。

家ではシミの模様を記憶するほどじっと壁を見ながら考え込みました。

ときには、車を運転して高知市郊外の水晶文旦農家が営むイングリッシュガーデンに赴き、きれいな庭園を見ながら考えていました。その水晶文旦農家の方は、平日の昼間にスーツを着たビジネスマンが一人でやってきては、紅茶を飲みながら考え込んでいる姿に疑問を持ち、どうしたんだろうと心配していたそうです。

また時々桂浜に行き、どこまでも広い太平洋を眺めては、自分の悩みなど小さいものだと気持ちを持ち直していました」

これは、やはり田村さんが自分を客観視しようと苦闘している姿ですね。客観視するにも時間がかかります。田村さんの場合も、わりと長い期間だったのではないですか。

田村　それはそうでしたね。折にふれて色々な人に相談しつつ、自分自身でも考えつづけていました。太平洋と比べて自分はちっぽけだとか、坂本龍馬のことを考えたりして、自分を客観視しようとしていたのでしょう。客観視しないと、あのとき身がもたなかったのです。最悪の状況だったので、相対化、客観視という方向に行かざるをえなかったのかもしれません。うまくいっていれば、そのようなことをする必要はないですからね。行き詰まってしまったから、客観視する作業をしていたのでしょう。

田口　そこです。私は、田村さんの成功は、そこまでして自分を非常に客観視できたことにあるのではないかと思います。

田村　客観視をしていくと、社内の人間関係も変わってきます。「この人とは合わない」とか「嫌だな」と思うような相手がいたとすると、だんだんその思いから逃げられなくなってしまうものですが、客観視すると、「たしかにこの人は嫌だな。でも、もっと大事なことがあるぞ。お客様との関係のほうが重要ではないか」と思うようになる。そうすると、社内の人にうまくサポートしてもらったり、正しい方針を打ち出してもらったりしなくてはならなくなる。そのために、むしろこちらから働きかけて、自分の考えを理解してもらうようになっていったのです。

そうすると、徐々に敵対関係ではなくなっていきます。お客様に満足してもらうための理解者、さらに同志のような関係になることもありました。上司と反《そ》りが合わない場合もありますが、それは自分の主観のなかで「一対一」で上司とだけ向き合ってしまっているので、そこばかりに気が向いて、逃げられなくなってしまうのです。しかし、それも「お客様のために」という視点を入れることで、関係が変わりうるのです。

田口　具体的には、どのようなことを心がけられたのですか。

田村　まず、お客様の幸せを実現するために、現場と本社の役割の違いをよく理解しておかなくてはなりません。「高知のお客様を幸せにする」ためには、本社の施策を変えてもらう必要がありました。しかし、本社が見ているのは全体の平均値で、四七都道府県の個々の事情はわからない。であれば、情報のギャップを埋めなくてはなりません。それは現場の仕事です。ですから私は、四国の営業本部長や本社に、マメに情報を入れていました。そして、「ぜひ挑戦させてほしい。それは高知支店の成績を上げるためではなく、高知のお客様を幸せにするためだ」というメッセージをＡ４一枚くらいのペーパーにして、手を替え品を替えて、月に一回は上に送っていました。

それを続けていると、だんだん本社も理解してくれるようになります。これは共感性です。「自分たちの成績を上げたい」ということでは、誰も共感してくれるはずがありません。「お客様の幸せのために」という本気の思いが伝わると、だんだん共感してもらえるようになる。共感すると、お互いがリスペクトするようになるのです。

もう一つは、うまくいったら必ず、「すべて本社のおかげです」といっていました。高知支店がうまくいって、「われわれが頑張ったから」などとばかりいっていたら、誰も協力してくれなくなります。

「本社のおかげです」などというのは、もしかすると「おべっか」のように見えてしまうかもしれません。もし、「自分たちへの評価を上げるため」にそうしていたら、そういわれても仕方がない。しかし、われわれは「高知のお客様の幸せのため」にやっていました。すると、本社に動いてもらわなければ、お客様に幸せになっていただけないわけですから、本社が、高知支店にとっての大切な協力者・お得意先という役回りになるのです。協力者やお得意先に動いてもらって結果が出たら、「ありがとうございます」「おかげさまです」というのは、当然ですし、また本社に成功理由を正しく認識してもらう必要もあります。本社や上司に成長してもらうのも、高知のお客様のため、となるわけです。

田口　なるほど、おっしゃるとおり。とてもわかりやすいですね。主観ばかりで見てしまうと、自分の都合のいいようにしか見ない。それに対して、信頼できる人に相談し、自分でも深く考え、客観視できるようになると、視野が広くなる。すると袋小路に入らず、自由になれる。これは本当に大切なことですね。

第二章

「自分の足で立つ」となぜ驚くほど能力が伸びるのか

仕事は「自分の足で立つ」ことが基本

田口　これまで田村さんのお話をうかがってきて気がついたのは、キリンビール高知支店の社員は、最初は当事者意識がなかったけれども、だんだんと当事者意識を持つようになっていった。そのことがとても大きかったということです。

田村　そうです。以前は、高知支店の社員たちも、みんな「キリンビールが売れなくなったのは、本社のせいだ」と思っていました。ビールはイメージ商品で、広告や新商品が決定的に数字に寄与しますので、そう思うわけです。しかし、そう思っているうちに、だんだんと惨憺《さんたん》たる状況になってしまった。それで、あるときから、ビールが売れないのを人のせいにするどころではなくなってきてしまったのです。

高知支店がうまくいったのは、メンバー全員が「自分の足で立った」からだと思います。上からいわれたとおり、歯車の一つとして働くのではなくて、歯車には違いないけれども、自分の足で立つことによって、その歯車を回そうとした。

福沢諭吉がいっているように「独立自尊」です。明治初めに大ベストセラーになった『学問のすゝめ』は、要は自分の足で立つ気概を持つことが大切だという本です。題名は易《やさ》しいですが、内容は意外と難しい。それが累計三四〇万部売れたという。明治初年の日本の人口は三〇〇〇万人ほどです。回し読みをした人も入れれば、そうとうな割合の日本人が、このような本を読んでいたことになります。当時の日本人の知的水準は、現代人よりはるかに高かったのかもしれません。

いま、日本人は、この「自分の足で立つ」文化を失いつつあるように感じます。「自分の足で立つ」ということを、古典の言葉はどのように表現しているのでしょうか。

田口　中国古典の『大学』という書物に、「修身《しゅうしん》、斉家《せいか》、治国《ちこく》、平天下《へいてんか》」という言葉があります。端的にいえば、一人ひとりが「自分の足で立つ」、すなわち「徳の精神をしっかりと持った一人ひとりの人間が集合することのすごさ」を組織論として説いた言葉です。

ここでいう「平天下」とは、すなわち天下を平和に治めることです。これを実現するためには、天下を構成している国家が安定していないといけない。それが「治国」です。そして、国家は家庭の集合体ですから、安定した国家になるには、一つひとつの家庭が整っていないといけない。これは「斉家」といいます。その家庭は、一人ひとりのメンバーで成り立っています。当然のことながら、お父さんは身勝手、お母さんは自分勝手というのでは、家庭は成り立ちません。個人の身が修まっている「修身」が重要になります。

つまり、平天下のためには治国が必要であり、治国のためには斉家が必要であり、斉家のためには修身が必要ということで、最終的には人間が原点なのです。

いきなり「天下」や「国家」とはならないで、「人間の心」から始まる。

会社でも同じです。「会社」とか「組織」とか「支社」で始まるのではなくて、必ずその構成員である「人間の心」から始まらないといけない。

田村　なるほど。「人間の心」から始まるのですね。一人ひとりの自立があって初めてチームワークが形成されたのは、そういうことなのですね。

「正心、誠意、致知、格物」で成功しないはずがない

田口　おっしゃるとおりです。それでは「修身」すなわち身が修まるとは、どういうこと

か。このことを考えるためには、同じ『大学』に書かれている「正心《せいしん》、誠意《せいい》、致知《ちち》、格物《かくぶつ》」という言葉を知っておくと便利です。

これについても、語の並びで最後に置かれている「格物」から説明するのがわかりやすいでしょう。「格物」とはすなわち、「物を格《ただ》す」ということです。この場合の「物」とは、万物の意味であり、つまるところ「自分ばかりではなく、他の人間、他の動植物、他の生きとし生けるものをいつも念頭に置いて、万物が正しく生きられるように深く思いやる」ことを意味します。

この見方をとると、この世に、自分に関係しないものは何一つとしてないことになります。自分の会社のこと、あるいはもっと大きく国の政治のことで、何らかの問題が起きた場合、自分がどのような立場であれ「私は関係ない」とはいえない。あらゆることを貫いて、きちんとした考え方を持たなくてはいけない。自分自身の生きる姿勢も正し、「当事者意識」を持って生きていかなくてはなりません。

中国古典の『書経』には、古代の理想的な皇帝とされる「堯《ぎょう》」や「舜《しゅん》」のことが描かれています。そこに書かれていることは、天は、人間の善良な生活と健全な社会を望んでいる。

しかし天は、自ら言葉を発することも姿を見せることもない。天がどうするかといえば、天の代わりにそれを実現するにふさわしい人間を遣わすのです。それが中国の皇帝だ、という理屈です。だから、考え方のベースに、「人間は天に代わって、万物の世話をすべきものである」「人間は、万物の世話係である」「立派な人間は、他の人間の世話を焼くために天から遣わされているのだ」という発想がある。この発想が、いま申しあげている「格物」の考え方に結びついているのです。

「格物」の前提となるのが、「致知」です。致知とは、人間ならではの叡智《えいち》。禅の世界でいう「無分別智《むふんべつち》」です。もちろん人間の見方として、自分と他者とをわけて考える、あるいはAはA、BはBとわけて考える「分別智」も必要です。しかし、自分と相手の「主客対立」を超越して、物事を全体で見て判断するのが「無分別智」であり「致知」です。ある意味で、智恵の最大のものといってもいいでしょう。

この「致知」を支えるものが「誠意」です。これは、つまり「まごころ」です。物事はいかなる場合もまごころを込めなければいけません。ある意味では、自分の行為とは、自分の「誠意・まごころ」を示すためのものとさえいえるのです。

そして「正心」とは、文字どおり「正しい心」です。いま「自分の行為は、自分の誠意を示すためのもの」と述べましたが、その基本になるのが「正しい心」なのです。

田村　そうなのですか。つまり、正しい心と誠意を持って、自分の問題として一生懸命に考え、智恵の最大のものを尽くして、まごころを込めて実行する。たしかに、そうすれば、これで解決できない問題はないと思えてきます。

「当事者意識」を持つだけで見違えるように変わる

田口　このように書くと、頭でっかちで抽象的ですので、少しわかりづらいですが、しかし田村さんの取り組みは、ある意味でこの「修身、斉家、治国、平天下」と「正心、誠意、致知、格物」のある部分を体現したものだと思われます。理にかなっているからこそ、成功する、典型的なパターンではないかと思うのです。

まず、田村さんが、高知支店で気づきを得て改革に取り組むまでは、ほとんどの営業担当者が、みんな他人事だったのではないでしょうか。それを田村さんは「そうではない、全部自分の問題だ」と変えた。「自分＝会社」「自分＝職場」にしたのです。「これは、自分自身の問題だ」と真剣に思うと、放っておけなくなる。「何とかしなくてはいけない」という気になって、必死に考える。しかも、お客様に、必死に意見を求めたのもいいですね。当事者意識を持って必死に考え、必死に意見を求めていけば、深い知恵が浮かんでくる。崇高《すうこう》な知恵に至るのが「致知」です。

本章の冒頭で田村さんがおっしゃったように、たしかに、いまの日本に足りないのは、当事者意識なのです。みんなが「それは私、関係ないから。私の問題じゃない」と思っている。これでは何をやってもうまくいきません。

田村さんは、まずご自分が当事者意識を強く持った。しかし、その当事者意識をメンバーの皆さんで共有できるかどうか、ということにも一つの大きな壁があったはずです。田村さんは、そこをどのように訴えたのですか？

田村　私は「高知のお客様のために」という自分自身の思いを伝えて、そのうえで、メンバーそれぞれに自分がやるべきことを考えて、自分たちで決めてもらいました。そのうえで、「やると決めたんだから、必ずやり切ろう」と、全員で合意したのです。

すると、その約束が「メンバー自身の約束」になった。「決めたことは何があってもやり切る。やり終えるまでは家に帰らない」というくらいにやりはじめた。「目標」の解決が、それまでの単なる努力目標から、必ず達成するものへと変化し、そこから変わりはじめました。「他人事」から「自分事」になったのです。それからは、みんなが「高知のお客様のために」という気持ちになって、一心に仕事をするようになりました。高知のお客様を幸せにすることが自分の使命だと思うようになって、日々、様々な工夫が生まれてきた。

田口　当事者意識とは、万物のために考えるということです。「高知のお客様に喜んでいただく」という問題提起も、他人事じゃなくて、自分自身の問題となるわけです。そうすると、高知のお客様に喜んでもらうためにはどうすればいいかと、一生懸命に考える。これはまさに「格物」に通じる話です。

「利他」こそが「自利」になる

田口　さらに、そのような考え方が、結果的に「利他」になっていくのです。誰かに喜んででもらうことを考えるのは、楽しいことですね。さらにそれで実際に喜んでもらえたら、まさに自分自身の喜びも倍加するわけです。

田村　当時は、私も含め、誰も「利他」など考えてみもしませんでしたし、そんな言葉があることも知りませんでした。高知のセールスが「利他」になっていったのは、追い込まれたからです。何をやっても売れない状況で、こちらが「置いてください」とお願いに行っても、聞いていただけない。それならば、もう「数が少なくなってはきたが、いまキリンを飲んでくださっているお客様には、せめて喜んでもらおう」「キリンを飲んで、『ああ、今日はいい一日だった』と思っていただこう」「お店の方々のお役に立って、喜んでいただけることをやろう」「やりつづければ、お客様の気持ちも変わってくるかもしれない」と考えるしかなかった。それが結果として「利他」になったんだと思います。

田口　「利他」でやっていると、他者から評価が返ってきます。「いやあ、すごいね、君たちは」とか「よくやってくれたね。ありがとう」とか。「ありがとうございます」という感謝が返ってくるのは、本当の評価なのです。

結局、「利他」こそが「自利」なのです。人を助けて、人のために働いて、初めて自分の利益が上がる。世の中というのは、不思議にそういう関係性になっている。それを忘れてはいけません。

自分が「利他」に打ち込むと、実感として「立派な行ないをすれば、他者の評価を得られる」ことがわかってくる。人のために尽くすことが、本当の意味で正しい生き方なのだということが、自分自身の腑《ふ》に落ちる。

田村 キリンビール高知支店の皆さんも、高知の町を歩いていると、多くの方々から親しげに声をかけられるようになったのではないですか。それはものすごく心地いい。

田口 本当にそうでした。心地いいんですよ。人気者になったみたいで。

田村 当事者意識を持つことで、全部揃うのです。当事者意識を持ってやっていると、「もっともっと」と向上意欲も出てくる。

田口 高知県民全員に喜んでもらいたいと思いました。

田村 そうなりますよね。すると、そのためには自分がもっと勉強しなければいけない、もっと卓越しなければいけないと思って、向上していくのです。

田村 われわれは、東洋思想は知らなかったのですが、日々の仕事のなかで、自然に自分たちのなかに堆積《たいせき》されていった感じですね。

田口　東洋思想とは、そういうものなのです。「東洋思想を知らないとダメなのですか」といわれるけど、まったくそうじゃない。反対なのです。東洋思想を学ばなくても、当事者意識を持って仕事をしているうちに、身についてくる。

田村　「相手に喜んでもらいたい」という「利他」の精神で、自分の仕事に打ち込むだけで、人間の持っている本来の良さが出るのですね。

田口　結果的に、仕事が修行になっているのです。

「覚悟」を決めるにはどうしたらよいか

田口　当事者意識を持って、「誰かに喜んでもらいたい」と思って仕事を進めていくと、どんどん大切なことに気づくようになっていきます。たとえば、「お客様との約束を絶対に守りたい」「お客様の要望を早く叶えたい」ということも、大事な気づきの入口です。

鎌倉時代前期の禅僧で、曹洞宗の開祖である道元は、生きていくための条件として、いちばん重要な条件があるといっています。それは、「『いま、ここ、自己』しか生きられないのが人間だ」ということです。

明日というのは、概念としてはもちろんわかりますが、しかし実際につかめるものではありません。明日になったら、明日が「いま」になっている。あそこに行ったら、あそこが「ここ」になる。さらに他の人間にはなれません。自分としてしか生きられない。

人間は、「いま、ここ」でないと生きられないのです。とすれば、「明日、やります」というのは、永遠にやらないということでもある。

世界中で「here and now」といわれるくらい、これは人間の共通の条件です。「いま、ここで自分として生きる」ことを一言でいうと、「覚悟」という言葉になります。

覚悟の「悟」って、「悟り」という字ですね。つまり、「いま、ここで、自分として生きる」ことこそ悟ることなのです。

田村　私が四国地区本部長から名古屋に転勤したとき、名古屋のメンバーも、みんな最初は当事者意識が強くないように感じました。それで私はしつこく、「現場とお客様が大事だ」

といいつづけた。「本当かな？」とみんな半信半疑でしたが、あまりに私がしつこくいうものだから、しかたがないと思って現場を回りはじめた。

そうすると、現場でお客様にいわれるわけです。「よく来てくれた。ありがとう」とか「うちのことが、よくわかっている提案をしてくれた」とか。そういう経験を積むうちに、「ああ、これが田村のいっている、お客様のためにということなのか」と気づいて、少しずつ「自分がやるんだ」「自分＝キリンビールだ」という覚悟ができていったのだと思います。

田口　「よく来てくれた」「よく提案してくれた」と、お客様が褒《ほ》めてくれるのがいいのですよ。人間は評価にものすごく弱い。お客様から好評価を得ることは、仕事の張りあいになって、生きがいに通じてくる。生きがいにつながらないと、覚悟は決まらないです。

人間は、何らかの形で命につながっていると感じると覚悟が決まる。お客様に心から喜んでいただくというのは、ダイレクトに「生きる喜び」に結びつくほどのものです。自分の命も、お客様の命も輝かせることであり、だからこそ、真剣にその喜びを追求することが、覚悟を決めることにもつながり、生きがいにもつながってくる。

田村　お客様から評価されたり感謝されることによって、「自分の使命は何か」「自分は何のために生きているのか」ということを考えるようになる。それが「生きがい」につながるのは、とてもよくわかります。世の中には、社内で単に偉くなることだけを生きがいにしている人間もいますが、そういう人間は何かの拍子にうまくいかないと、折れてしまいがちです。使命を生きがいにしている人間は強いですよ。

田口　よくいわれることですが、人間は、自分のことでは頑張れないのです。誰か他人のためだったら頑張れる。

貧しい家庭に生まれた人で、「お母さんを楽にさせたい」「両親に楽させたい」「兄弟を助けたい」という思いで頑張り抜いて、一流スポーツ選手になったり、芸術家になったり、立身出世した人が数多くいます。もちろん、貧しい境遇から自分自身、見返してやりたいという思いもあったかもしれませんが、しかし、「見返したい」という思いだけでは、すぐに折れてしまうはずです。自分の母親が、自分はろくに食べないで子供に食べさせてくれた。だから、「母親のために」頑張る。これは、動機としては、きわめて強いのです。

田村　スポーツ選手でも、自分の記録を考えるよりも、ファンを喜ばせるためと思うと、頑張れるようですね。プロ野球選手で二〇〇〇本安打はまさに大記録ですが、しかし大記録だけに、選手生活の最終盤になってやっと手に届く人も多い。そうすると、すでに全盛期を過ぎていて、衰《おとろ》えゆく自分との闘いのようになる場合もあります。そういうとき、「自分のことを応援して支えてくれているファンのために何としても達成したい」と思うと、不思議と気力も実力も湧いてきて達成できたと、ある選手が語っていました。自分の記録のために、あとヒットを何本打とうと思っていたら、気力がもたず、記録はどんどん遠のいてしまうのだそうです。

田口　そうなのです。計数を追いかけても力は湧いてこない。誰かのためだと思うとできるのです。

田村　つい先日も、「目標達成をいわれるとつらくなるが、誰かのためにと思ってやれば、精神的にずいぶん楽になる」といっておられる方がいました。

「縦の軸」と「横の軸」の無限の広がりを意識する

田村　キリンビールの社員のなかにも、私から見て「すごいな」と思える人間がいました。そういう人たちに、「なぜ、そんなに頑張れたのですか」と聞くと、かなりの人が、「入社したときに先輩に教えられた」というのです。先輩が後輩を指導することは、やはり大事だと思いました。いまは、どの会社でも、だいぶそれが失われている気がします。

田口　先輩自身が、仕事を他人事だと思っているのではないでしょうか。当事者意識を持っていない。当事者意識を持った人の発言と、他人事の人の発言はインパクトが違います。当事者意識を持った人の言葉は、「俺の家族の問題だ」といわんばかりに会社の問題を語るから、心を揺さぶられる。そうすると「感化」という作用が起こってくる。その人にあこがれて、「あの人みたいになりたい」と思って、そのマネをする。そういう方向に行くのです。いまの教育に欠けているのは、「当事者意識を持った人」と「感化」です。

田村　私自身、駆け出しのころにキリンビール岡山工場で働きましたが、飲みながら先輩から「岡山工場はこうあるべきだ」という話をしょっちゅう聞きました。これが自分にとって、貴重な経験となりました。先輩の本音はこうなのか、こういうことを考えながら岡山工場がつくられたのか、とわかってきて、自分のなかに「縦の軸」というのができてきた。この「縦の軸」が、その後も非常に大事だったのです。自分が何者なのかということを考える素材が、このなかから出てきた。

田口　「縦の軸」というのは興味深い発想ですね。仏教の『華厳経《けごんぎょう》』というお経では、「重重無尽《じゅうじゅうむじん》」という思想が説かれます。すべてのものは、互いに尽きることがないほどの「関係」の重なりあいでできている、という意味です。個々の人間が人生で結ぶ「縁」も、尽きることがないほどの無限の重なりあいでできているのです。

たとえば、一人の人間に、親は何人いるかといえば、父親と母親の二人です。少なくとも、生を享《う》けるにあたっては、どちらか一人が欠けても、生まれてくることはできなかったはずです。では祖父母が何人いるかといえば、父母二人を二倍して四人。曾祖父母の人数は、祖父母四人の二倍で八人です。このようにして三〇代さかのぼると、何人いると思いますか。なんと一〇億人を超えるのです。あなたから三〇代さかのぼると、あなたに関係する人が一〇億人を超えるという計算になります。このように過去の重なりあいがあるということは、同様に、未来に対しても重なりあいがあるということです。

田村　なるほど、「重重無尽」の感覚を持っているか持っていないかで、全然違うのでしょうね。会社生活でも、先輩たちとの関係の重なりあいのなかで、いまの自分がある。そして先輩には、さらにその先輩との重なりがある。まさに垂直、「縦の軸」です。少なくとも、先輩たちの誰かが会社をつぶすようなことをしてしまっていたとしたら、私がいま、この会社で働いていることはなかった。むしろ、先輩たちが会社を発展させるべく、努力を重ねてきた結果として、私の会社員生活はあるのです。

また、「横の軸」の広がりもそうですね。私の仕事は、私一人ではできない。社内ではみんながお互いにサポートしあっているのはもちろん、社外のお客様との関係で自分は働くことができている。さらにいえば、原材料の確保から、製造、運搬など、本当に国内外の無数の方々の仕事の連鎖と積み重ねで、私の仕事は成り立っている。さらに世界へ広がっていくのが「横の軸」です。

そういう意識は、まさに「重重無尽」ですね。

「熱い気持ち」の先輩の影響力が大きい

田口　田村さんが会社生活のなかで、「縦の軸」を強烈に意識するようになったのは、どのようなきっかけだったのですか。

田村　私も入社した当時は、それまで学生でしたから、働くということがよくわかりませんでした。学生のときは、自由平等の戦後教育で育ってきたのに、工場の現場は、学歴で差があって、収入も違った。それがちょっとピンとこなかった。

それで入社して一年たったころ、上司の課長に、「どうも、ちょっと違和感があって、自分は会社を辞めたいと思うのですが」と、おでん屋のカウンターで飲みながら相談しました。すると尊敬する課長が笑いながら、「俺は、キリンビールに入って、四年間、毎日辞めようと思っていたのだけれども、五年目からおもしろくなった。だから、お前も、もうちょっといたほうがいいよ」といってくれた。尊敬できる人にそういわれると、「そうかな」と思えてくる。すると二年目のあるきっかけから、会社に行くのが楽しくなってきました。

また岡山工場の現場の工員さんには、私が生涯尊敬する方がいました。あれだけの情熱でビールづくりに打ち込んでいる姿を間近で見ていた経験が、とても大きな財産になっていたように思います。

いまの日本企業は、先輩が後輩を育てる文化が薄れてきてしまっています。アメリカの成果主義などがそのまま導入されたりして、先輩も自分の身を守るのに精一杯で、部下の教育まで手が回らない。一生懸命に部下を教育しても、自分の考課に跳ね返ってこない。逆に、そういう先輩の姿を見て、将来への不安を覚えて退職する若者も多いという話を聞きます。

部下が何人成長したかは、数値化できません。数値化できないものは評価しないのが、最近のマネジメントの主流です。人間を「コスト」としてのみ考えるような企業も多くなっています。

田口　田村さんや私などの世代では、まだプラスのサイクルが回っていたのです。先輩と飲めば、先輩は仕事のことしか話さなかった。当事者意識の権化みたいな人ばかりで、先輩たちが模範を示す。新入社員は、「こんなに仕事のことに情熱を持って生きている人がいるんだ」と感じる。その感動が焼き付けられるわけです。

田村　そうですよね。三、四十年前の飲み屋では、多くのサラリーマンが仕事の話を夢中でしていた。あまり他の話なんかしなかった。みんな、そんな感じでしたね。

田口　まさに一つの教育の場になっていたのです。教育には、学んで習う「学習」と、「感化」というものがありますが、「感化」の力は非常に強いのです。

田村　いまは昔ほど部下と上司で飲みに行かなくなっていますね。飲みに誘うとハラスメントの問題が起きるかもしれないので、職場の飲み会を禁止している会社もあります。ですから、肝心なことが先輩から後輩へなかなか伝えられなくなっている。縦の軸が弱くなってしまっている。これはものすごく危険です。浮草稼業のようになってしまいます。

「社の良き伝統」に立脚せよ

田口　私は以前、田村さんのご著書『キリンビール高知支店の奇跡』を副読本にして、勉強会をしたことがありましたが、「自分の会社について、こんなふうに思っている人がいるんですね」という感想を持った受講生が多かったのが印象的でした。「自分はそこまで考えていなかった」と。そこで受講生の皆さんに、「自分の会社に本当に価値があるのか」を考えてもらいました。三、四日後に考えてきたことを書いてもらったら、やはり、工場などの現場で一生懸命に働いている人の顔が思い浮かんだ、という人が多かった。ここは、いまの田村さんのお話と共通します。

田村　工場の現場の人たち、それから尊敬する先輩たちのことを考えると、「恥ずかしいことはできない」という気がしてきます。そういうことが、私自身が覚悟を決めるきっかけになったと思います。

そういう職場に配属されたことは幸運でした。「社の共通の基盤」というか、文化風土というか、覚悟の置き所というか、そのようなものの素地になっているように思うからです。

自分の会社の問題は自分で進んで解決しなければならない。職責や職制を超えるかもしれないけど、お客様が大事だから、それをやらないといけない。そういう覚悟を胸に抱いたとき、社内を説得する突破口は「社の共通の基盤」にあるように思います。「うちのこんなに素晴らしいビールを、お客様にお飲みいただくために、こうしたいのです」という言葉が社内で説得力を持つのは、「素晴らしいビールをつくって、飲んでいただく」という伝統や企業文化が基盤としてあったからだと、いま振り返って痛感します。

社内の各組織はそれぞれ部分最適を追求しますから、それを全体最適に統合できるのはこうした理念でした。また部下を説得する際にも有効でした。大義名分には反論しづらいのです。そうすると社内の風通しも徐々に良くなり、社内各組織間の関係がオープンなものになっていきます。

田口　そういう「社の共通の基盤」は、会社ごとに違うはずですが、きちんとした仕事をしている会社であれば、必ずどこかにあるはずですね。技術力かもしれませんし、先代の社長の信念や創業時のドラマだったりするかもしれません。社内で何かを説得する場合には、そのような「共通の基盤」をベースに置けば、みんなの理解を得やすいことは間違いない。

そのうえで、それをやっていくのは、自分しかいないという覚悟を持って進む。そうすれば、お客様から「この会社の製品がいちばんいい」と思ってもらえるようになる。

田村　もしも自社には基盤がないと思われるのでしたら、自分たちでつくるんだという立場に立てば、見える景色はまったく変わるはずです。

田口　本章の冒頭で、「格物」という言葉を紹介して、これは「自分ばかりではなく、他の人間、他の動植物、他の生きとし生けるものをいつも念頭に置いて、万物が正しく生きられるように深く思いやることを意味する」と申しあげました。ある意味では、田村さんはキリンビールの社内で「格物」を行なったともいえますね。

美味しいビールづくりに情熱を傾けている製造の現場、それをお客様に一生懸命に販売しようとしている営業の現場、ビールをお客様に届ける窓口となる小売店、さらにそのビールを楽しみに飲んでくださるお客様。それら一切合切を念頭に置いて、いかにキリンビールの魅力を正しくあらしめるかを考え抜いたといってもいいのではないでしょうか。

しかも、そのような仕事のベースが「社の共通の基盤」にあると考えるのは、大切な気づきですね。そこを出発点にすれば、社の多くの人が納得することができるのですから。当事者意識を持って動いていって、その先に成功する人、しない人の差があるとしたら、この「共通の基盤」に気づき、そこに立脚できたかどうかによるのかもしれません。

「現場の基礎体力」を高めて、張りあいを生め

田口　当事者意識には、「小さい当事者意識」と「大きい当事者意識」があります。当事者意識は、徐々に広がっていくのです。最初は「自分一人」から始まって、高知支店そして高知の町全体に広がっていく。高知という町で起こっていることは、全部自分の問題だと考えるようになる。高知の人に喜んでもらいたい、高知の人の期待に応えたい、そういう意識

になる。そこまでいかないと、プロの営業とはいえないのかもしれません。

田村　そこに向かうメカニズムとしては「現場の基礎体力」の強化が必要となります。現場のリーダーが「何のために仕事をするのか」という理念を語ることは大切ですが、それだけで、うまくいくはずがありません。そこで必要になるのが「現場の基礎体力」なのです。

現場の基礎体力を端的にいえば、ビール営業の場合は「たくさん回る」ことでした。たくさん回るうちに「あっ、こういうことなのか」と気づき、他人事が自分事になり、当事者意識が出てくる。このメカニズムは、高知だけでなく、全社どこでも同じでした。

「現場の基礎体力」を高めて、お客様に喜んでいただけるようになると、もっとお客様のために働こうと思う。気持ちがどんどん純化されていき、お客様のために自分が存在するという感覚にすらなってくる。そうすると、ライバルとの戦いに絶対に勝たなければ、と心から思う。なぜならば、キリンがないとお客様に申し訳ないからです。そして実際に、お客様のために勝ちつづける。ここに、強烈な喜びを感じるのではないでしょうか。

田口　「現場の基礎体力」というのは、とても興味深い考え方ですね。さらに「現場の基礎体力」を高めて、そこから張りあいを見出していくのがすごい。

営業という仕事で「とにかくたくさん回る」ことを続けているうちに、やがて町を歩いていると、みんなから「ああ、キリンさん」と声をかけられるようになる。そうすれば恥ずかしいことはできなくなりますね。立派な人間にならなければいけないと思って自己規律が働く。何か聞かれて答えられないといけないから、勉強もする。勉強の意欲も違ってくる。それが全部修行になっていくわけですよ。

営業の仕事をしていると、ノルマを達成することこそが張りあいだと考えがちです。しかし、先ほどのプロ野球選手の例のように、その張りあいは折れやすく、長続きしにくい。

しかし、現場の基礎体力を高めて、「正しい理念を持って、たくさん回る」うちに、顧客とどんどん深い関係になっていく。顧客が喜んでくれることが唯一無二の張りあいになっていく。これは、とても素晴らしい結果をもたらします。初めのうちは喜んでくれる人が少人数だったのが、どんどん増えていって、張りあいが大きくなる。そこに生きがいを感じるようになる。本社からいわれたことをただやるだけの人生とは違ってくるんです。

田村　上からいわれたことをこなしているだけでは、なかなか成長は起こらないですが、お客様のためと考えてやっていると、一人でもチームでも、色々と工夫するようになりますから、どんどん成長していけますね。

田口　そういう成長が重要なのです。さらに素晴らしいのは、田村さんが高知支店と同じことを名古屋でも、本社でもやったこと。要するに、人員規模が大きくなっても根本は同じだということを立証してくれた。それは、すごいことなのです。

「基本の徹底」が基礎体力をつくる

田口　いま「現場の基礎体力」についてのお話がありましたが、いってみれば、「理念」と「現実」のギャップを埋める力のベースとなるのが、「現場の基礎体力」だということになりますね。もちろん、「理念」を掲げることは重要ですが、それを日々の活動で徹底できなければ、それこそ「絵に描いた餅」になってしまう。「理念」は何より大切ですが、それを現場に落とし込むために「現場の基礎体力」が必須なのです。どんな仕事でも、「理念」と「現場の基礎体力」を、それぞれの現場でいかに確立していくかが問われます。

中国古典の『孟子』（梁恵王上）に、「恒産《こうさん》なくして恒心《こうしん》なし」という言葉があります。「安定的に食えるようになってもいないのに、高い精神を持てといっても無理だ」という意味です。孟子ほどの人が、「まずは食えるようにならないと、高い志とか、高い精神なんて無理だ」といっているのですから、とにかくその仕事で「食える」だけの基礎体力を養わないことには話にならない。

田村　おっしゃるとおり、理念を現場に落とし込むためには、それだけの「力量」がなければいけません。その力量が「現場の基礎体力」なのです。そして、「現場の基礎体力」を養うのが、それぞれの営業における「基本活動」です。ビールの営業の場合は、いま申しあげたとおり、「たくさん回ること」が基本活動でした。

田口　「ビールの営業の場合」というお言葉がありましたが、この「現場の基礎体力」あるいは「基本活動」は業界や業種によって、まったく異なってくるものなのでしょうね。

ビールの営業の場合は、「たくさん回る」ことが基本活動だということですが、たとえば住宅や自動車、医療機器など高価なものを扱うセールスの場合は、もちろん訪問回数を多くすることが基本になるとしても、「たくさんの相手先を回る」よりも、「見込み客を何度も訪れて、丁寧に説明していく」活動が、「現場の基礎体力」を養うのかもしれません。

田村　おっしゃるとおりですね。ビールは広く売られ、広く飲まれる商品なので、広く訪問することになります。また、ビールメーカーも、問屋さんも、酒屋さんも、飲食店さんも、「美味しいビールをお客様にお飲みいただいて、喜んでいただきたい」ということでは同じ方向を向いているわけです。だからこそ、回れば回るほど大きな効果が上がったのでしょう。また、ビールメーカーであるわれわれが「どうすればいいでしょうか」と聞けば、真摯《しんし》に教えていただけることも多かった。

それに対して、たしかにご指摘のように、様々な業種がありますから、自ずと「基本活動」は違ってくるでしょうし、養うべき「現場の基礎体力」も違うものになるのでしょう。しかし、会社訪問をすると事務所や工場に「凡事徹底」や「基本の徹底」などの標語をよく目にします。その「凡事」や「基本」について、それぞれに定義されている企業も多いのではないでしょうか。それを愚直に、地道に、徹底的にやることです。営業だけでなく、すべての仕事に、この「基礎体力」が必要です。

田口　どういう職業であれ、やはり普遍性のある部分、「根本」というべきものがあるのです。それが何かといえば、なんといっても「利他」です。「どうすればお客様に喜んでいただけるのか」ということ。営業職であれ、歌手のような仕事であれ、そこは等しく共通していることではないでしょうか。

それを実現するためにどうするかといえば、ただ「どうすれば喜んでいただけるか」と思っているだけではしかたがありませんので、お客様に質問してみる。ストレートに「どうすればお喜びいただけますか？」などと聞いても、なかなか答えていただけないから、色々なことを聞く。まさに田村さんがやられたようにお客様に聞くことがものすごく重要で、やはり情報が重要なのです。

相手の話を聞いているなかから、「自分たちに求められているもの」と「それを実現するための基本活動」が何なのかも見えてくる。さらにいえば、共鳴性や共感性も生まれてくる。もっといくと、相手の気配を読めるようにさえなってきます。

「売れないものでも売るのが営業」なのか？

田口　営業の仕事をしている方々のなかには、商品が悪いから売れないと思っている人もいると思います。実際に、たしかに商品が悪いということもありえます。この点について、田村さんはどのようにお考えになりますか。

田村　たとえばキリンビールの場合、アサヒビールの『スーパードライ』に押されたときに、『ラガービール』の味を変えて、ますます苦戦に陥ってしまった。当然、営業部門の多くが、「ラガーの味を変えたからいけないんだ」と思っていました。

それだったら、営業担当は、上にきちんといわなければいけない。現場のメンバーで話しあって、「やはり、これは良くない」という結論になったら、お客様との接点にいる現場として上にいう責任があると思うのです。

田口　序章でご指摘があったように、高知支店にはそういう女性社員がいて、キリンビールの社長が高知支店に来たときに、「ラガーの味を元に戻してください。なぜできないのですか」と迫ったわけですね。

田村　彼女は、高知のお客様のことを考えていたのです。お客様の前では、社長も支店長も社員も、役割が違うだけで平等だという高知支店の空気でしたから、「社長、あなたはお客様に対して卑怯です」ともいえるわけです。その後の懇親会で、私が社長から怒られましたが。

田口　言い方を変えれば、その女性社員にとってみれば、「勤務先の会社」が「自分の会社」になったということではないですか。

田村　おっしゃるとおりです。自分と会社が一つになった。「自分＝キリンビール」になって、お客様にキリンビールを飲んで喜んでもらうことが彼女自身の喜びになり、そしてお客様のために生きるのが彼女自身の生き方になっていったのだと思います。

お客様のことを本当に大切に思っていたら、そのお客様に喜んでもらえる商品やサービスを提供できるように必死になるはずです。また、自分の商品に本当に惚《ほ》れ込んでいれば、お客様に使っていただくのが心から嬉しいはずです。あらゆる業種業態で成功している皆さんは、真剣にそういう思いを持って仕事に取り組まれているのではないでしょうか。

「自分自身が会社の良さを体現するのだ」と考えて必死になるのと、「会社に働かされている」と思うのでは、それは違いますよ。

組織ですから、会社の方針には従わざるをえません。「こんなものを売っていいのか」と、良心がうずくこともあるかもしれない。しかし、それが本当に間違いだと思ったら、やはり上に対して提言していく責任があると思うのです。

「売りにくいから」というような、自分の都合でいってはダメです。本当にお客様のためになっているか、会社のためになっているか、それが判断基準です。売りにくいものでも、お客様にとって価値があると思えば、努力して買っていただかないといけない。

田口　自分の会社のことを本当に好きで好きでたまらなければ、「こんな商品を出したら、うちの会社の名折れになります」というでしょうね。

田村　ただ、どの会社でも営業セクションというのは、とかく「売れないものでも売るのが営業だ」と思いがちです。たしかに営業力を測る物差しとしてはそのとおりですが、しかし本来、それはおかしいと思うのです。

もちろん、本社に無下《むげ》に逆らうわけにもいきませんから、本社の考えもよく聞いて理解したうえで、「このように売ったけれども、こうだった」と伝える。そのときに、必ず対案を出さなければいけません。「自分としては、こういう売り方のほうがいいと思います」とか「商品をこうしたほうがいいと思います」と対案を出して対話する、あるいは判断を上に仰ぐ。

田口　私は、営業の方々に、「あなたはどのくらい自社商品を愛用していますか？」と聞くようにしています。すると、もちろん「これは素晴らしい製品ですよ」という人もいます。そういうときには、「では、どういうふうに使っているのですか？」と質問する。詳しく聞いていくと、だんだん答えられなくなる人が多い。つまり、自分では使っていないで、口先の営業トークで「使っている」といっているだけの人も多かった。

キリンビール高知支店のメンバーの場合は、顧客を喜ばせようと、心から思っていた。すべてお客様のためにやっていた。そういうことをやっていれば、必ずうまくいく。しかし、多くの営業担当は、「売りたい」としか思っていない。だから売れないのです。

田村　ほとんどの営業担当者は単なるノルマとして売っていますね。しかし、大事なのはその数字の意味なのです。「お客様のためになるのかどうか」を考えずに、ただ数字合わせのゲームのようにノルマばかり考えたところで、本当にその営業活動に「情」や「血」が通うでしょうか。それがお客様に瞬時にわかってしまうところが怖いところです。

田口　西郷隆盛が遺した言葉をまとめた『南洲翁遺訓』に、「人を相手にせず、天を相手にせよ。天を相手にして己《おのれ》を尽くし、人を咎《とが》めず、我が誠《まこと》の足らざるを尋《たず》ぬべし」という言葉があります。ここで大切なのは、「我が誠の足らざるを尋ぬべし」といっていることです。本当にまごころを込めて、天に向かってやっているか。ただ、口先だけで「お客様のためです」といっていないか。それが問われるのです。

すべて「自責」と考えると前向きになれる

田口　私は若いころ、管財人の助手の仕事をしていたことがありました。管財人というのは、倒産した会社を管理する人です。弁護士が管財人になり、私はその助手をしていたのですが、そのときに倒産した会社をたくさん見たのです。すると、どうして倒産が起こるのかということが、よくわかりました。

一言でいえば、無責任なのです。誰も責任をとろうとしない。

たとえば、営業部長に「どうしてこんなに計数が上がらないのですか」と聞くと、「そりゃそうだよ。こんなダメな商品ばかりじゃ、売れっこないだろう。商品企画がダメなんだよ」という。商品企画部長に「商品企画がダメなのではないですか」と聞くと、「何をいっているんだ。こんな予算で商品開発をやれということ自体が無理なんだよ」という。今度は、経理部長のところに行って聞くと、「そんな開発費用を出せるわけないじゃないか。営業が売らないからいけないんだ。営業が売らないから、お金が入ってこないんだ」という。

結局、グルグル責任の押しつけあいで、みんながそんなことをいっているうちに、倒産してしまうわけです。私は三〇〇社くらい扱いましたけど、全部そうでした。「あいつが悪い」といいあっている。「自責」がなくて「他責」のみ。そういう会社は倒産します。

田村　営業も、自分の足で立つためには、「自責」でなければいけません。責任を持たないといけません。ただ、それには裁量や権限も必要です。権限がなくて責任だけだと、現場はやってられない。組織の原則の一つは、責任と権限の一体化です。任せるけれども、責任は生じる、と。その責任感が人を成長させます。

なぜ、人を成長させるのか。それは、責任は人を自由にさせるからです。「責任があるのだから、自分で考えて工夫して、新しい取り組みも進める」と考えるようになり、その過程で発見も学びもあります。逆にいえば、責任のないところに自由も成長もないのです。

田口　もっといえば、田村さんたちキリンビール高知支店のメンバーは、たとえ権限が十分になくても、他責にせずに、自責で、自分たちで立ちあがったわけです。苦しい状況のなかでも自分の責任と考えて、自分の足で立つ。「本社が悪い」「商品が悪い」といって終わるのではなくて、自分で立ちあがる。そういうことをやってきたから認められ、自然と実質的な権限も広がった。「つらい」といわれることが多い営業を通して、高知支店の人たちは、やりがいを感じ、幸せになれた。そこに学ぶべきものがあると思います。

田村 「自責」というと、「自責の念」というように自分を追いつめるイメージがあるのですが、実は逆で、前向きで、積極的で、明るく堂々とした姿勢だと思うのです。

スキルに精神が伴うと、人は大きく伸びる

田口 営業の「スキル」についても考えてみましょう。書店に行けば、営業の「スキル」を書いた本が山積みされています。話し方、プレゼンテーションの技法、クロージング、雑談の仕方……。「スキル」について、田村さんはどのようにお感じになりますか。

田村 スキルは、もちろん、あったほうがいいです。しかし、物事には両面があります。

スキルがあると、そのとおりにやっていればいいと思って安心して、むしろ思考停止になってしまいかねない。
人が伸びるのは、色々な課題が出てきたことに対して、自分で考えて、それを乗り越えたときです。そうすると、次の山が見え、また課題が出てくる。そこでまた考えて、乗り越える。この繰り返しで、人は成長していくのです。
もし、小手先のスキルで壁を回避していると、後々、かえって大きな壁が越えられなくなってしまう気がします。長年、人を見ていると、器用な人より不器用な人のほうが成長しているケースが多いのですが、そういうことなのかもしれません。
田口　スキルには精神がありません。スキルが伸びたとしても、そこに精神が伴っていないと、スキルは無用の長物になる。心の成長こそが、本当の成長です。幕末の兵学者で思想家の佐久間象山《さくましょうざん》は、「精神がないと技術は危険なものになる」といっています。
田村　数字が上がらない部下に指導するときに、上司があれしろ、これしろ、とあまり具体的な指示を出してしまうと、部下は考えなくなってしまいますね。
田口　東洋思想では、「問うことに真理あり」といいます。「こうしろ」と指示してばかりでは、部下の頭は一回転もしない。「どうしたらいいだろうか?」と問えば、頭が回転します。部下の頭を、何回回転させるかが重要なのです。それには、問いつづけることです。

田村　しかも、こちらから強圧的に指示してばかりだと、部下は弁解を始めてしまう。そうすると部下の弁解の穴を見つけて追及しようとして、こちらも疲れる。手間はかかりますが、一つひとつ考えさせていくことが大事です。

田口　自分の人生は、自分のいちばんの宝だということに気づかせないとダメです。スキルだけ教えても、名経営者が生まれるはずがありません。結局は、立派な人間をつくるにはどうしたらいいかを考えることが、いちばんの近道なのです。

しかし、伝統的に西洋では、東洋ほどそういうことを考えてこなかった。だから、いま世界的に、東洋思想に対する引きあいがすごく強いのです。

田村　おっしゃるとおりですね。目の前の仕事を通じて、素晴らしい人間になる。素晴らしい人間になった自分がさらに影響力を高め、会社に、そして社会に貢献していく。この道を辿《たど》れば、素晴らしい一生を送ることができる気がします。

型から入り、型を体得し、型を忘れよ

田口　日本の武道や芸能は、「型《かた》（形《かた》とも）」から入ります。長い歴史のなかで天才たちが、その道を習得するための理想の「型」を見出してきた。まずはそれを徹底的にマスターするのです。

型を身につける方法は、体得です。多い場合は、一〇〇種類くらいの「型」を習得しなければなりません。「型稽古《かたげいこ》」などで、とにかく「型」を体得していく。武道でも芸能でも、師匠はまず、「型を身につけろ」とうるさくいう。

ところが、型を習得してしまうと、師匠は今度は「もう型は忘れろ」といいだします。型を習得していないと、その都度、身体をどう動かせばいいかということに気をとられてしまって、直観のとおりに身体を動かせません。しかし、「型」を習得すれば、身体の動かし方はもう十分にわかっていることになります。型を完璧に体得してから忘れると、身体は無意識のうちに動きを覚えていて、なおかつ心は直観を通してすべてを感じられるようになる。

武道であれば、一心不乱、あるいは忘我の境地で、相手の動きに合わせて的確に身体を動かし、相手に勝てるようになるのです。

無意識のうちに身体がスムーズに動いて、相手に勝てるようになっているわけですから、ある意味では、天に近づく、神に近づくというような感覚です。

田村　たしかに、剣道や柔道や空手でも、「型稽古」は重視されますね。茶道などでもそうでしょう。さらにいえば、野球でひたすら素振りを繰り返すのも、ある種の「型稽古」のようなものです。これは、西洋的な「スキル重視」とはまったく違った考え方なのですね。

田口　おっしゃるとおり、これはとても日本らしい方法論です。そもそも、日本人がこのような「型を通して，神に近づく感覚」を大切にしてきたのは、古来、稲作や畑作などについて「神人共作」という感覚を抱いてきたからではないか、と私は思います。

農作業は人間が行なうわけですが、しかし、農作物が育つのは、人間の力だけではありません。天の恵み、地の恵み、水の恵みなどが不可欠です。このような恵みをありがたく受け取ってきた日本人は、天地の恵みを神様の力と考えて、「神様が半分、人間が半分」それぞれの力を出しあうことで、農作物が育っていくように感じてきたのです。

収穫の恵みを神様に感謝する秋祭りなどには、そのような感覚が根強く残っています。二十一世紀になっても、日本各地で神様をもてなし、喜んでいただき、新穀をお供えし、五穀《ごこく》豊穣《ほうじょう》を感謝するお祭りを大まじめにやっているのです。

日本には、このような揺るぎのない信仰心があって、それが間違いなく、われわれの精神の土台になっています。

「型」もそうです。「型」を完全に身につけてから「型」を忘れると、自分の瞬時の直観に従って、無意識のうちに的確に身体が動くようになる。これはまさに、「神様が半分」自分の身体を動かしてくれているような感覚に通じます。いってみれば、そのような「神様の力」に近づく方法として、「型」が考えられてきたのです。いわば、「『天の力』を取り入れるためのアプローチ法」として、「型」というものがあるのです。

究極の力である「包括的直観力」を身につける

田口　田村さんとキリンビール高知支店の皆さんも、ある意味では、この「型」の方法論で成果を手にしていったといえるのではないでしょうか。田村さんたちは、たくさんのお客様を回って「現場の基礎体力」を向上させるうちに、自然と「型」が身についた。しかも、型が身についてもさらに回りつづけて、「お客様のため」と思って一心不乱になっているうちに、型を忘れるレベルに達していたんだろうと思います。

田村　それで色々なことが見えてくるわけですか。

田口　もう分析というレベルを超えていますよね。人間の究極の力というのは、パッと見た瞬間に、自分の五感から皮膚の感覚までを総動員して、すべてを把握できるようになる「包括的直観力」なのです。

田村　わかる気がします。名古屋にいるときに、あるセールスチームがNKK活動という取り組みをやっていました。NKKは、「何も考えない活動」という意味。「考えるから動けなくなるので、考えてはダメだ」とリーダーがいいだして、六人が半年以上、NKK活動をした。とにかく、何も考えず、ものすごい勢いでお客様を回ったのです。

私は日頃「考え抜け」といっていましたので心外でしたが、やり方はメンバーに任せるルールでしたから、黙って見ていました。

そのうちに、ほとんど「こんにちは」「さようなら」だけで戻ってきているのではないかと思うほど、個々のお店の滞在時間が短くなっていきました。「そんなことでいいのか」と聞いたら、行った瞬間に直観的に感じて、市場のことがわかるようになったというのです。六人全員がそういっていました。

田口　それですよ。無心の状態に近づけば近づくほど、包括的直観力が働くようになり、天に通ずる。それは心地よい領域なのです。その六人は、心地よい時間を過ごしていたと思いますよ。

田村　たしかに、みんな別人みたいになりましたね。

田口　そうでしょう。人間というのは、そういうものなのです。

田村　先ほど話したように、業種によって「基本の活動」は違いますので、その会社ごとにベーシックな活動を定義して、それを徹底する。それが型ですね。

田口　空手の訓練と、日本舞踊のお稽古は違います。しかし、とことんやることによって型を体得するということはまったく同じです。

田村　型を体得してから無心になると、自由になっていくというわけですね。

田口　そうです。作為、人為がいちばんいけない。人間を不自由にしてしまいます。無心で何も考えないのが、いちばんいいのです。田村さんは、メンバーに「何店回れ」とはいわなかったわけですよね。

田村　四国でも、名古屋でも本社でも一切いいませんでした。そもそも私自身が、何店回るのが正解かをわかっていません。たぶん、一人ひとり正解が違うはずだと思っていました。だから理念を共有したうえで、メンバーに考えてもらいました。

田口　それが重要なのです。「何店回れ」というと、数値目標ができて、そこに作為が生じる。人為が生じるからダメなのです。

たとえば野球選手でも、練習を繰り返していると、自然にグラブが出る、バットが出る状態になります。その領域にいかないと勝負にならないのです。営業の仕事をしているうちに、パッと見て、全部わかるようになったというのは、その領域にいったということです。

第三章

逆境からいかに立ちあがるか

「営業」という仕事は、幸せに至る修行である

田村　営業の仕事はきついといわれます。これまでの章で色々お話ししてきたように、実際に、そういう要素はたくさんあると思います。しかし不思議なもので、「嫌だな」と思っていると、本当にどんどんきつくなる。でも、「心の置き場」ひとつでまったく違ってくる。そういうことを私は経験してきたように思います。

田口　よくわかります。「嫌だ」と思って営業していると、どんどん嫌になる。逆に「嫌なことが自分の使命だ」くらいに思ってやっていると、愉快になってくるものです。

田村　「嫌なことよ、来い」とまではとても思えず「できれば来るな」でしたが、しかし「嫌なことが来たら、乗り越えればいい」とは思っていました。お客様に喜んでもらうところに心の置き場を置くことによって、嫌なことがあっても、それは乗り越えるものと捉えることができるようになったように思います。

田口　田村さんのお話をうかがっていると、営業という手段を通して、「悟り」に至る道

を探っている気さえしてきます。人間とはどういうものか、人生とはどういうものか。そういうことを知るために営業がある。そういう感じを受けます。

仏法の教えでは、人間はみな生まれながらにして仏であり、悟っているものなのだと考えます。日本の仏教では「草木国土《そうもくこくど》悉皆《しっかい》成仏《じょうぶつ》」とさえ、いいます。草木や国土のようなものでさえ、みんな仏性を持っていて、成仏するというのです。

それでは、もともと悟っているのにどうして修行をしなければいけないのか。

第二章でも紹介した道元という鎌倉前期の禅僧は、「生まれながらに仏だったら、どうして修行しなければいけないのか」ということを突きつめて考えた人物でした。

その結果、彼が考えたことは、生まれながらに仏なのだけれども、修行をしなければそれは顕《あら》われない。修行をして悟ったと自覚をしなければ、悟りが自分のものにならない、ということでした。そこに修行の意味がある。いうなれば道元は、「人生はすべて修行である」と喝破したのです。

この道元の思想を茶の湯の世界に持ってきたのが千利休です。「茶の湯の心とは何か」と聞かれて、利休は「仏法修行の心を体して悟りに至る道を歩む」と答えています。

私にいわせれば、田村さんとメンバーの皆さんは、営業が修行になっていた。営業をすることで、悟りの境地に至って、幸せになったのではないでしょうか。

田村　結果として、たまたまそうなったということでしょうか。修行しようと思ってやっていたわけではないのですが。ただ、前にも述べたように、どこに行ってもメンバーはみんな「幸せになった」といっていたことは確かです。

田口　修行という意識はしていなかったと思いますが、そこに一心不乱に打ち込んだわけです。どのお客様に対しても、心を込めて一生懸命にやりましたよね。その行為そのものが修行であり、その修行の結果として、充実した幸福感を手に入れたのだと思います。

「徳」を積めば「運」は思いもしないところから返ってくる

田口　ところで、なぜ、どのお客様に対しても一生懸命にやることが大切なのか。ここで参考にすべきは、松下幸之助さんが、「〝自分は運が強い〟と自覚することが大切だ」とおっしゃっていることです。「運が強い」というのは、天佑《てんゆう》があるかどうかということ。天佑とは天の助けのことですが、天が助けてくれるのはどういう人でしょう。

第二章で「天は人間の善良な生活と健全な社会を望んでいる。しかし天は、自ら言葉を発することも姿を見せることもない」といいました。天は自ら言葉を発したりはしません。けれども、「善良で健全な社会」を実現しようと、意識的であれ無意識的であれ頑張っている人を、天が助けてくれるのです。逆にいえば、天佑とは、天の意志にかなう人に与えられるもので、自己中心的なことばかりしている人には、天祐はやってこないのです。

だからこそ、「運」を強くするためには、「徳」が大切になるのです。

「徳」とは、「自己の最善を他者に尽くし切る」ことです。「自己の最善を他者に尽くす」という行為自体が、天の意志にかなっているわけですから、天が味方についてくれるのですね。だから「運が強い」ということになる。

「運」というものが、そういう仕組みでやってくるものだと理解しておけば、「運」がギブ・アンド・テイクでないこともわかってきます。つまり、ある人に自己の最善を尽くしたとして、その人から「運」が返ってくるのかというと、そうではない。最善を尽くした相手からは、返ってこないかもしれないけれども、「運」は天祐であって、思いもしないところから返ってくるものなのです。

つまり、「この人は力のなさそうな人だから、この人には尽くさなくていい」とか「この人は力がありそうだから、この人に尽くそう」ということでは通用しない。どこから返ってくるかわからないのだから、誰に対しても等分に最善を尽くさなければダメだということです。高知支店のメンバーがやったことは、まさに、それですよね。

田村　「徳」と「運」とは、そういう関係になっているのですか。「運が思いもしないところから返ってくる」というのは、思い当たる節があります。私たちが一生懸命にやったことは、いまキリンを飲んでいる人を大切にすることでした。単純に計算したら、そんなことをしたところで、シェアは絶対に増えません。新規にお客様を増やしているわけではないのですから。しかし、いまキリンを飲んでいる人を大切にすることを続けていると、「キリンはいいぞ」ということが、口コミで広がっていったのです。

キリンのセールスが、アサヒを飲んでいる人に対して、「キリンはいいぞ」といくらいっても、なかなか聞いていただけません。営業担当が自社の商品を勧めるのは、当然のことだからです。しかし、キリンを飲んでいるファンの方が「キリンはいいぞ」といってくださると、アサヒを飲んでいる人もキリンのことが気になってくる。「そんなにキリンがいいなら、飲んでみようか」と思っていただける。

始めたときは、予想もしていなかったのですが、キリンを飲んでいただいているお客様を大切にしていたら、シェアが増えていきました。

「アサヒが美味しい」と思っている人に、「キリンのほうが美味しい」と私たちがいくらいってもダメでした。そういうこともわからずに、ずっとやっていました。あまりにもシェアが落ち込んだので、もう、どうしようもなくなって、考え方を切り替えたのです。

田口　ビール愛飲家が心から発したセリフというのは、いちばん効きますね。自分の周りの「ビール愛飲家」は、お客様からすれば、いわば自分と同じサイドに立っている人です。同じサイドの人間同士は、心の共有化ができています。キリンビールを飲んでいる人も、アサヒビールを飲んでいる人も、「ビールは美味しい」と思って飲んでいるという点で、心に共有しているものがある。だからこそキリンを飲んで大きな満足を得た人の声が、アサヒを飲んでいる人の心に響いた。「キリンは美味しい」ということを広げてくれたのですね。

田村　そういう口コミの伝播《でんぱ》の力は、きわめて大きい。メーカーのセールスが何人いてもとても及ばないくらい、自然に広がっていくのです。「成果をつくる活動」が「成果が湧いてくる活動」に変わったというか、お店のほうから「キリンを置きたい」といっていただけることも増えました。

田口　「この人には尽くすけど、この人には尽くさないというのはダメだ」というのは、まさにそういうことです。営業という仕事をしていると、ついつい、いまファンでいてくださるお客様を蔑《ないがし》ろにして、新しいお客様を追いかけがちです。しかし、たしかにいちばん大切なのは、いまファンでいてくださる方々なのです。それこそ、「運」は思いもしないところから返ってくると思って、「徳」を積まなくてはいけません。

「お客様のために」と思うと不満がなくなる

田村　考えてみれば、「お客様のために」と思ってやっていると、自分の心のなかから文句が出ないですね。つまり、相手のために尽くそうとするわけですから、たとえ相手から無《む》下《げ》にされたとしても、「まあ、しょうがない。これはまだ私のやり方や努力に不足があったのかもしれない」と思える。

しかし、ただただ自分の売り上げを求めるためにやっていたとすると、「なんだ、これだけやってやったのに、ふざけるな」という感じになってしまうでしょう。

世の中の営業職の人びとは、とかく日々の目標をこなすのに精一杯で、ついつい後者のように考えてしまいがちです。そこで、心の置き場を「お客様のために＝徳を積む」ということに変えれば、見えてくる風景が、まったく変わってくる。

逆にいえば、「お客様のために」と考えることは、すべて受け身ではなくなることなのです。なにしろ、積極的に「全力で他者のために尽くそう」と考えるわけですから。

そういえば、社内の飲み会でも悪口や愚痴が減り、前向きで明るい話題が増えていました。

田口　禅宗の法話に、次のような有名な話があります。天国も地獄も、実は同じで、食事を長い箸《はし》で食べなければならないのだという。地獄では、その箸を使って、われ先に食べようとするのだけれども、箸が長すぎるのでうまく食べられない。それで腹を空かして、ケンカばかりしている。一方、天国では、その箸を使ってお互いに「何が食べたいですか」「これをお取りしましょうか」といいあって、食べさせあっている。だからみんな、満ち足りて安らかに暮らしている。

この天国のあり方は、まさに「徳」のあり方であり、「利他」の姿ですね。自分の満足ばかりを考えていると、結局、満足は来ないのだということを表わしています。他人のために働くことが最大の喜びだということも教えてくれる法話です。

左遷から始まると、すべてがいい方向に行く

田口　ただし田村さんは、そのような「利他」の境地に至る前に、いわば左遷で高知支店に飛ばされたわけですよね。そこから、すべてがいい方向に変わっていった。
田村　そうです。社内ではけっこう有名な左遷でした。
田口　左遷というのは、実は、東洋思想ではすごく意味のあることです。左遷は、人生を、そろばんでいうところの「ご破算で願いましては」という状態にすることです。天からの「人生をあらためてくれ」という要求なのです。これは転職にも通じる話ですが。

田村　「ご破算で願いましては」というのは、いってみれば、そろばんをリセットするようなものですね。もう一度、新たに計算を始めるために、そろばんの玉を、すべてゼロに戻す。普通、左遷というと「終わった」というイメージになりがちですが、「ご破算で願いましては」というのは、とても興味深いお話です。

田口　「ご破算で願いましては」になる局面は、陰陽論で考えるとわかりやすい。

陰陽論というのは、中国思想の一つの特徴的な考え方です。世の中のものは、陽と陰とでできていて、生成発展の働きは、この陰陽の働きによって決まってくると考えます。

わかりやすくいえば、内へ内へと籠もっていく受動的な性質が「陰」。外へ外へと拡大していく働きが「陽」だということになります。陰陽論では、すべてのものには、この「陰」と「陽」という性質があると考えます。陰と陽が完璧に和した状態が「完璧」ですが、しかし、世の中、そうそういう状態があるわけではありません。物事が「陰」か「陽」かの、どちらか一方に振れると、今度は逆の方向へ向かう力が生まれてくると考えられてきました。つまり、「陽」が極まれば「陰」になり、「陰」が極まれば「陽」になるのです。ですから、陰から陽へ、陽から陰へと転じる予兆をキャッチし、それに備えていくことが賢明な道ということになります。

大成功のほうは、陰陽論からいうと、陽のほうへ行ったということ。陽に行くと、次は陰に行くことになる。下りに向かっていくしかありません。

ところが、田村さんの場合は、左遷によって、陰に行かされた。陰の極地というのは谷底ですから、あとは上がるしかない。大左遷から始まったところに意味があると思います。田村さんは、左遷されたとき、どう思われましたか。

田村　私は、人事の仕事もやったことがありましたので、もともと会社の人事というのは理不尽なものだと思っていました。タイミングというものもあるし、そもそも人は自分以上の能力のある人を評価するのは難しい。好き嫌いもあります。だから、「左遷だけど、しょうがない」というか、「左遷？　それがどうした」という感じでした。そういう気持ちで行けたのは良かったと思います。

多くの人は、左遷された時点で、会社は自分をダメだと評価したと落ち込んでしまう。その時点で損をしてしまっていると思います。会社が評価したのではなく、たまたま上にいた上司が評価しただけなのです。昨晩、一杯飲みながら批判していた上司の能力を、それほど君は信用するのかという話なのですが。

田口　東洋思想で見ると、左遷は上昇の出発点です。人生が変わりはじめます。左遷はチャンスと考えたほうがいいのです。

逆に、成功して栄転した場合は、どこかに落とし穴がないか、十分に気をつけたほうがいい。たしかに成功すると、周りから妬《ねた》まれたり、いらぬ恨みを買ったりしますし、変に慢心して失敗したりするリスクも高まりますから、気をつけるに越したことはない、ということになります。

田村　たしかに振り返ってみると、うまくいっているときに、その後の困難や失敗の芽が発生していたことがよくありました。すべてあとでわかることですけれども。

人のせいにするのをやめれば、大きく変わる

田口　『論語』の憲問第十四に「子曰《しいわ》く、人の己《おのれ》を知らざることを患《うれ》えず、己の能《のう》なきを患う」という言葉があります。「自分が人から評価されないことを気に病むのではなく、自

分に認められるだけの実力がないことを気にしなさい」という意味ですが、似たようなメッセージが、『論語』のなかで三度も四度も繰り返し説かれています。

自分が認められないのは他人が悪いのでも、運命が悪いのでもない。自分が悪いということ。要するに、「他責」はダメ。「自責」になれといっているのです。

この世の道理で、いちばん天に反するのは、「他責」です。あいつが悪い、こいつが悪い、というのは、何でもかんでも天の責任にすることに通じます。最終的には「私は、生まれてきたくなかったけど、天が生まれさせたのが悪いんだ」という根本否定にまで行き着きかねないのですから。

「あいつが悪い。時代が悪い。政府が悪い。商品が悪い。会社が悪い。経営者がきちんとやってくれないと好転しない」とばかり思っていたら、改善の方法を見つけようともしないでしょう。そういう人ばかりの集団は、救いようがありません。

田村さんは、高知支店の方々の「自責」を、どうやってうまく引き出したのですか。

田村　当時、キリンの営業は「上意下達」で、情報は上が独占する傾向がありました。私は、それより「平等の原則」でいこうと考えました。リーダーの役割と、メンバーの役割は違うけれども、与えられた役割を果たすという意味では、全員平等です。だから自分の考えを率直に述べて、議論をして、結論を出して、それを責任を持ってそれぞれが実行していく。そういうマネジメントスタイルです。

これは私が若いころに経験した労務部門の仕事のスタイルでした。その際、「リーダーの持っている情報量」と「メンバーの持っている情報量」を揃えておくことが必要でした。社内で意見の対立がどういうときに起こるかというと、持っている情報の差によることが、ほとんどでした。

高知支店では、支店長の私が持っている情報をすべて伝え、あわせて、それについての自分の意見を加えていました。メンバーは全体がわかり、目つきが変わっていきました。何とかして、高知の人に美味しいビールを飲んでもらいたい。そのためには「どこに行ってもキリンビールが置いてある状態」をつくらないといけない。そこに向かって、自分のできることを考えて、できることは全部やろうというふうにメンバーの心の置き場が変わっていきました。

たとえば、夕方、セールスが得意先から帰ってくる。「今日、こんなことがあった」とか、

「他社のこれが売れている」といったことを、みんなで話している。それを聞いた女性社員が、「こういった提案書があればいいんじゃないか」と考えて、勝手に提案書を書きはじめる。「こういったＰＯＰ（小売店店頭の商品周りなどに掲示する広告）があるといいんじゃないか」と考えて、夜のうちにＰＯＰをつくり、翌朝、セールスに「これ、持っていってください」と渡す。そして夕方、帰社したセールスにＰＯＰの反応を尋ねる。ときには女性社員がセールスに「もっとしっかりして」と厳しくいったりしていました。

心の置き場が変わることによって、使命感が生まれ、自分はキリンの社員だという帰属意識が出てきて、変わりはじめました。

田口　自責率が高いから、大きく変わったのだと思います。他人のせいにせずに、自分を変えていった。

徹底した現場主義で、身体的思考を養う

田口　田村さんは徹底した現場主義でやってこられましたね。『老子』の第一章に「道の

道とすべきは常道にあらず」という言葉があります。老荘思想は、道という宇宙の根源を説いていますが、この「道」を言葉で言い表わそうとしても、それは不可能だ、といっているのです。

たとえば、ここに茶碗《ちゃわん》があるとします。「これまで茶碗というものを見たことも触ったこともない人に、茶碗を言葉だけで説明してください」といわれたら、できるでしょうか。

田村　難しいですね。

田口　そうなのです。言葉を尽くして説明したとしても、茶碗を知らない人に説明するのは、そうとうに大変です。しかも茶碗といっても、色々な形があります。それをまとめて説明しようとしたら、言葉でいえばいうほど、わからなくなるかもしれない。それほど、言葉というのは頼りないものなのです。では、どうすれば、わからせることができますか。

田村　やはり実際に見てもらったり、触ってもらったりするのがいちばんでしょうね。

田口　そうですね。色々な茶碗を見てもらったら、その共通項はすぐにわかる。触ってもらえば、形態や重さや手ざわりなどがわかります。つまり、この世の中で「本当の理解」といえるものは、「体得」なのです。身体で実感するしかない。

田村　たしかに、どこでもメンバーたちは、「身体でわかるようになった」といっていました。

田口　すごい言葉ですね。それこそ「体得」です。

田村　四国でも名古屋でも、とにかくたくさん回って「現場の基礎体力」を高めた営業担当者は、身体で考えて、それをあとで、頭で整理しているような感じでした。頭で考えている感じではなかった。しょっちゅう回っていると、得意先の顔を見て、この得意先が何を考えているのか、先週ライバルメーカーが来たか、などということが直観的にパッとわかるようになる。頭で考えていないのです。身体で感じ取る感じです。

ものすごい勢いで回った名古屋のチームのメンバーが、「量が質を生む」といいだしました。月訪問店数三〇〇店というのが限界だと思っていたら、期間を定めて一〇〇〇店を回るチームが出てきました。直観的にパッとわかるようになったので、活動が急速に効率化されました。

訪問件数が増えることで、もちろん得意先が増えましたが、それより、もっと大事なことを彼らはいいだしました。

「これまでは、目標を与えられて、自分でここまでならできるという範囲を決めて、その範囲内でやってきた。それが間違いだったとわかった」

「やってみなければわからない。無限なんだ。不可能なことはないんだと思った」

その言葉を聞いて、私は感動しました。メンバーから私はたくさんのことを学びました。

気配を感じられるようになるのがプロ

田口　いまうかがった話は、まさにプロフェッショナルの言葉ですね。プロフェッショナルのことを、日本語で何というかご存じですよね。

田村　玄人《くろうと》ですね。

田口　そう、玄人です。なぜ、玄人というかというと、「暗いところが見える人」のことなのです。暗いところとはどこかというと、見えないところ、たとえば「人の心」です。

では、どうやって見えないところを見るのか。たとえば剣道では、前のように後ろが見えることが奥義とされています。後ろから斬りかかってこられたときに、前から来たときと同じように受けることができる。それが奥義です。

剣道では「四正面」といって、四つの正面がある。「後ろの正面」という言葉があるように、後ろにも正面があるのです。四人が私を取り囲んで、どこから斬り込んでくるかわからない。前、右、左、後、どこから打ち込まれても全部対応できないといけない。四正面を等分に見えないと、免許皆伝になりません。そのなかでも、いちばん難しいのは後ろですが、名人は後ろから来てもパッと受けられる。

田村　気配を感じるのですね。

田口　おっしゃるとおりです。そういう気配を感じるようになるには、ものすごい体得が必要です。「気配」という字を書くとわかるように、気配とは「気配り」です。営業担当者なら、何千人ものお客様に「気配り」をすると、訓練されて、「気配」を感じるようになる。つまり、人の心を感じられるようになる。見えないものが見えるようになるのです。それは、思考力が無限に広がっていくことを意味しています。

田村　なるほど。だから営業の仕事をしているうちに、多くのメンバーが「パッと見てわかる」とか「不可能なことなど何一つない」といえるようになったのですね。

田口　それは、そういう理屈なのです。気配というのは一瞬のものです。毎日気配を感じることをしつづけて、何千種類の気配を感じると、気配を読めるようになる。人の心という見えないものが見えてくる。それによって思考は無限になる。そういう仕組みです。

田村　たくさん回ったメンバーたちは、回りながら、お客様から色々なお話を聞くなかで「キリンはこうじゃなきゃいけない」ということをいわれて、キリンはどうしなければいけないか、わかってきたと、口々にいいます。そこから各々自身のなかに、理念が自分のものとして確立されていきました。「自分たちは、お客様に喜んでいただかなければいけない」「キリンがいちばん美味しいと思っていただかないといけない」と思うようになり、それが自分の理念になっていった。その理念を現実のものにするのが自分たちの仕事だと考えるようになった。

それまでは、数値目標を達成しようと営業活動をしていたのが、「お客様に美味しいと思って飲んでいただく」ために営業活動することに変わってきた。彼らは、自分たちでそういうふうに考えるようになったのです。工夫をしながら多くの店を回りはじめたのも自発的。理念を実現しようと作戦を考え出したのも自発的でした。

田口　メンバーの皆さんは、自発的にたくさん回るようになり、多くの人に会って、「気配」が読めるようになって、無限に考えられるようになったんだと思います。そこで理念実現に向け前進しだした。すべていい方向に行ったのですね。

田村　まさにそうでした。基礎体力が上がって実行力が上がれば上がるほど、理念が強化されていきました。お客様は、「よくこんなところまで来てくれたな」「よくこんな提案をしてくれたな」と喜んでくれる。そんなお客様を見て、自分たちが何者か、自分たちの使命は何かが、ますますはっきりとする。

すると、理念が強化されることによって、「お客様のために、もっと回らなければ」「お客様のために、もっといい提案をしなければ」と考えるようになり、さらに現場力が上がっていった。お客様のためにやるんだ、ということが、とんでもないパワーになった。

組織能力というのは、「お客様のために」と思ったほうが上がるのです。上からいわれたことを、ただやるだけでは、どうも力が出てこない。「お客様に喜んでもらおう」と思うと、そこに、燃えるものが出てくる。

そうすると、誠意や感謝の気持ちも出てきて、もっと献身的になり、誠実になる。お客様のために、自分のチームのために、自分の会社のためにという気持ちになっていく。そうやって、組織能力が上がっていきました。これは飲食店さんを担当するチームだけでなく、スーパーマーケットなど量販店や酒屋さんを担当するチームも同じでした。

「数字」に追われると、「お客様の気持ち」が見えなくなる

田口　高知支店のメンバーは、自らの足で立ちあがって、ものすごくうまく回りはじめて、実績も大きく上がった。当然、他の支店も同じことをやろうとしたのではないですか。

田村　「高知に学べ」ということで、私たちのやり方をマネしたところもありました。しかし、「何店回れ」「訪問数を上げれば、高知のように数字が上がる」と数値目標を掲げたところは、うまくいきませんでした。

田口　よくわかります。「回る件数」が目的になってしまって、人の気配を読む訓練にならなかった。

田村　そうなのですね。私が繰り返しいっていたのは、「何のためにやるのか」「何のため

にすべてのお店にキリンを置いてある状態をつくるのか」ということでした。「そういう状態をつくるには、どうしたらいいのか」は、みんなが自分で考えてくれたのです。

彼らは、「回らないといい状態はつくれない」と気づいて、どんどん回りはじめた。そうしているうちに、「そうか、田村がいっている『理念』とはこういうことなのか」とわかってくる。それで、どんどん活力が上がっていった。

田口 たしかに、「何店回れ」といわれて数値目標を与えられたら、気配を読めるようになる前に、ただただ件数をこなすことだけを考えてしまうかもしれません。

田村 数字を追うと、お客様の気持ちが見えなくなってしまうのです。反対に、気配を読めるようになってくると、相手が何を思っているのかわかる。そうすると、おもしろくなって、次の人の気配も読みたくなってくる。やっているうちに、ランナーズ・ハイのようになっていきます。そうなると、「やめろ」といっても、本人はやりたくてしょうがないから、次の店を回りますよ。自発力が倍増するのです。

田村 本当にそうですね。訪問から帰ってきて、「この得意先はどうだった」とか「あそこは、こうだった」と喜々として話していましたから。そこに、おもしろさを感じていたんだと思います。高知県は広いですが、自分の担当エリアでないところで何が起きているかを、みんなだいたい知っていました。だからお店の移転や、のれん分け出店のときは的確にスピーディに対応していました。高知のメンバーたちは、仲間同士で「あそこでも、キリンはいいといってくれた」「ここではこういわれた」といいあい、次なる工夫やアイデアを話しあっていました。メンバー間で「あいつはすごい」などとリスペクトしているのが、よくわかりました。

田口　いい話ですね。それは、メンバーの心と心がつながっているということです。

「自分で回る小さな歯車」は「大きな組織」をも動かせる

田村　私が、高知支店のメンバーに細かく具体的な指示をして「こうやれ」といっていたら、たぶんうまくいかなかったことでしょう。「いわれたことを、いわれたようにやらなければいけない」と思うから、私のほうばかり見てしまって、現場に関心が向かなくなる。主体性を持たずに、組織のなかの単なる歯車として営業をやっていたら、まったくおもしろくない。もちろん、高知支店も大きな組織のなかの歯車の一つにすぎません。しかし私たちは、その歯車を自分たちで回そうとしました。会社全体の歯車がうまく回らなくなってきたので、自分たちで回そうとした。

組織の一員として、本社の了解を得ながら、何とか自分たちの足で立った。そうしたら、一、二年はかかりましたが高知の歯車が回りはじめた。すると、それに引きずられて、会社全体の歯車が回りはじめた。そのような感じでした。

一度、歯車が回りはじめると、高知支店は本社のやろうとしていることを全部一二〇%達成するようになりました。高知支店は本社から指示される施策を武器にして、お得意先と個々に信頼関係をつくっていったので、「キリンさんの商品だったらいいよ。とってやるよ」ということになり、ビールだけでなく、ウイスキーもワインも、いつも高知支店の達成率が一番になった。本社もだんだん「高知を見習え」ということになってきました。

田口　「自分で回る小さな歯車」は「大きな組織」をも動かすことができる。それは主体性を持って動いているからです。自分の足で立ち、自分の足で歩くからこそ、自由に動き、自分を高めていくことができる。

田村　よくわかります。「お客様に喜んでもらう」という自分の軸を持って、初めて自分自身で判断ができるのです。そうでないと、人の意見は無数にありますから、ある人から話を聞いたときには、「ああ、そうだな」と思い、別の人から別のことをいわれると、「そっちかもしれない」と思ってしまいます。軸がないとブレてしまって、五里霧中になる。逆説的ですが、軸があることが自由度を高めるのです。自由に動けるからこそ、自分たちで歯車を回すことができ、全体をも動かせるようになったのですね。

田口　佐藤一斎『言志四録』の三巻目の『言志晩録』十三条に、次の言葉があります。

「一燈《いっとう》を提《さ》げて暗夜を行く。暗夜を憂《うれ》うること勿《なか》れ、只一燈《ただいっとう》を頼め」

人生は一歩先は暗闇です。だからといって、人生を恐れてはいけない。自分の一燈、得意分野の能力を持って、自分を確立せよといっています。

この言葉も、「自己の確立」を印象深く訴えています。自己が確立していないと、どこを見ていいかわからない。揺れ動いてしまう。本当の自由は、自己が確立したあとに獲得できるものです。自己が確立して初めて、三六〇度の全方位を自由に見渡せるのです。

田村　自分が何者かという土台がないと立てませんからね。その土台の上に立って見ないと全体を見渡せない。

田口　私は、東洋思想全般を学びつづけて、「自己を確立することが、いちばん重要だ」と気づきました。自己を確立することこそ、東洋思想を学ぶことの最大の意義だといってもいいでしょう。このことは、どれほど強調しても、強調しすぎることはありません。

第四章

「自立するリーダー」になるには

部下がついてくるかどうかは何で決まるのか

田口　世の中には部下がついてきてくれないと悩むリーダーが多いですね。東洋思想に関心を持つビジネスマンのなかにも、東洋思想を通じて、リーダーのあり方を学ぼうとしてる方々が多くいらっしゃいます。

では、どうすれば部下がついてきてくれるのか。単純に突きつめてしまえば、大きいのは「気が合うかどうか」です。「気が合う」というのは、文字どおり「気合い」が関係しています。人間関係に「気合い」が入らないとダメなのです。なぜなら、真剣勝負で対面しないと魂のふれあいにならないからです。おそらく、高知支店は、支店長と社員に、同じ「気合い」が入っていた。

田村　「気合い」というのはおもしろいですね。高知支店で、なぜ「気合い」が入ったのかというと、視点がお客様に定まったからではないでしょうか。本社でなく、お客様に視点を置いた。そうすると、ブレなくなります。本社から何かいってきても、それを利用してお客様に喜んでもらおうと考える。

しかし、普通はブレるものです。リーダーの視点が上だけに向いていれば、上からいわれたことを、そのまま下に流してしまう。下のメンバーは解釈にバラつきがありますから、どんどんブレてくる。これでは、気の合わせようがありません。高知でも最初のころはそうでした。「気が合った」のは、全員の視点がお客様に向いたからだと思います。

田口　佐藤一斎は、人間がブレないで生きていくには「志」が重要だと何度もいっています。『言志四録』の第一巻『言志録』の三十三に、次の言葉があります。

「志《こころざし》有るの士《し》は利刃《りじん》の如《ごと》し。百邪辟易《ひやくじやへきえき》す。志無きの人は鈍刀《どんとう》の如し。童蒙《どうもう》も侮翫《ぶかん》す」

「志」を胸に抱いている人は、切れのいい刃物のようなもので、あらゆる邪《よこしま》なものも恐れて逃げだす。一方、志がない人は、切れ味の悪い鈍った刀のようなもので、子供からも侮《あなど》られる、という意味です。

「志」は切れのいい刃物だというのは、実にわかりやすいたとえですが、では、何を切るのか。それは、誘惑や妄想です。そういうものに侵《おか》されるからブレるので、「志」があると鋭い刃物が全部切ってくれる。「俺は、これ一途に生きていく。それ以外のものはいらない」

と切っていくのです。

田村　「志有るの士は利刃の如し」というのは、とても勇気づけられる言葉ですね。明快な研《と》ぎ澄《す》まされた行動というものをイメージできます。

リーダーは、本社からの指示を「手段」として活用する

田村　普通の会社は、今年の利益計画をつくり、各組織の目標をつくり、さらに分解して実現するための施策を決め、各支店に指示を出す。本社からの指示を、達成すべき「目的」と支店は捉えます。

しかし高知支店の目的は、あくまで高知の人に喜んでもらうことですから、その目的のために、本社からの指示を「手段」として、使えるものは何でも使おうと考えました。

お客様の立場から見たら、「こんな指示はとんでもない」と思える指示が本社などから来たとする。その場合、無視せざるをえない。あくまでもお客様が大事なのですから。もちろん指示のなかには、ちょっと疑問だけれども、悪くはないかもしれない、という指示もけっ

こうある。指示にも、色々なランクがあります。

ですから、本社からの指示をランク分けして、メリハリをつける。だいたい二種類に分けていました。「徹底してやろう」というものと、「流しておこう」というもの。幸い、本社からの指示で、「無視する」というランクに入るようなものはめったになかったので、ほとんどは「徹底してやろう」と「流しておこう」の二つになりました。その判断はメンバーと相談したり、メンバーに任せたりしていました。

「流しておこう」というのは、「まあ、適当にやっておこう」ということです。もちろん、上には「ちゃんとやっている」という報告はしました。

現場のリーダーから、「本社の指示が多すぎる」と相談されることもありました。多すぎる指示をそのまま下に流すと、下はやる気にならず、「こんなこと、できません」と声が上がる。あるいは沈黙の不服従となる。現場のリーダーが板挟みになってしまうのです。

田口　松下幸之助さんの有名な逸話があります。あるとき、幸之助さんが突然、「いま事業部や営業所からとっている報告書、あるいは本社から出している定期的な通達を全部持ってきてほしい」と指示した。それでみんな持ってくるわけですが、幸之助さんはそれらを会議用の机の上に積み上げて放っておいて、自分で見ているふうでもない。まだコピーが普及していない時代ですから、書類は社内にそれしかありません。「そろそろ書類を返していただかないと、仕事にならないので困ります」といってきた人には、「そうか。持っていきなさい」と中身を見ることもなく返した。そうして二十日たったところで、「この書類は、今日かぎり廃止や。二十日間も見ないですむ書類を、なんで集めたり出したりしているのか」とおっしゃった。まさに「仕事のための仕事」になってしまっているものを、誰の目にも見える形で、ドラスティックに切り捨てたのです。

田村　幸之助さんのおられるときでもそうなら、普通の会社はそうなるということですね。会社のなかには、意味もなく出している指示や、集めている報告が多すぎて、ご指摘のように、それが「仕事のための仕事」になってしまっている。「顧客にとって、いいことかどうか」で判断して、不要なものは廃止しました。迷ったときはいったん廃止して、必要があれば復活するとしました。

近年、特に本社ではホールディング制をはじめ組織を増やす傾向にあり、間接部門が多すぎる弊害が大きくなっています。間接部門を減らし、その分、値段を安くすれば、お客様は喜んでくださるのではないか。お客様を中心に考えたら、間接部門を減らす行動力だって出てくるのです。

要は、リーダーの自立の話なのです。「上がこういっているからやれ」では部下は納得しない。けれども「上はこういってきているが、お客様のことを考えて、これはそこそこにしておこう。そのかわり、ここに集中しよう。本社の方針のここが問題だと思うから、このような提案をするつもりだ」といえば、このリーダーについていこうという部下が出てきます。

理念と現実をつなぐ「方針」を考える

田村　これまで「理念」と「現場力」の大切さを、繰り返し語ってきました。しかし私は、この二つだけではダメだと思います。「理念」と「現場＝今日の仕事」が切り離されていたら、「理念」は単なる言葉にすぎませんし、現場力も生かされません。「理念を現実のものにする」ために、リーダーはその作戦を考える必要があります。

田口　私もこれまで多くの経営者とつきあってきましたが、寄せられた質問で多かったのは、「理念と自分を結ぶものは何ですか」というものでした。そう問われるたびに、私は「経営哲学」だ。もっとわかりやすくいえば「方針」だと答えていました。「理念」と「自分」のあいだに、「こういうふうにやる」という具体的な方針がなければいけない。それがないと、理念と自分が結びつきません。

田村　「理念」はあるものの、実現しようとしていないケースはよくあります。私は、「理念」とは、それに向かって挑戦する意志ではないか、と考えています。挑戦するには、方針や作戦が不可欠です。方針や作戦が曖昧だと、「理念」を実行できません。

いくら口先で「お客様のため」という理念を語っても、「日々やっている仕事は違うじゃないか」となってしまう。理念と現実が結びついていないのです。

では、リーダーは何をすべきか。まず、「理念が実現された状態」とは何かを考え抜くことです。次に、その状態をつくるための作戦を考え抜くことです。いずれも、考えつづけていれば、必ず、ある時点でわかります。

田口　田村さんのおっしゃったことで重要なのは、「理念」と「個人」を結びつけていることです。よくあるのは、「理念」はあるけれども、「実行」できていないという事例でしょう。会社によっては、毎朝の朝会など様々な機会に「経営理念」を唱和していますが、しかし、やはり大切なのは、実際にその理念を、どれだけの社員たちが体得しているかです。

それこそ創業者や、それに近い伝説上の経営者がいる場合には、そのような経営者自身が日々理念を体現し、全身全霊で強烈に示してくれるわけですから、社の理念を掲げたり、朝礼で唱和するだけでも十分に効果があります。しかし、そのような圧倒的な存在がいなくなってからも、十年一日のごとく「理念を掲げる」だけにしてしまっている企業が多い。それで、理念やビジョンはあるけれども、それがただの飾りもののようになってしまっている例が多くなっているのです。だからこそいま、あらためて理念を徹底するために、具体的な方針を考え抜き、現場の実行力を高めていかなくてはいけない。

田村　方針というものがなくて、ただただ「去年こうしたから、今年もこうしよう」「いまの会社の経営規模だと、このくらいの金額が必要だから、それを必達しなければ」とやっているだけではいけないと思います。理念に向かって挑戦していく、具体的で明確な方針と戦略が必要です。これはテクニックの問題ではありません。真剣に考えるかどうかです。

田口　では、具体的に方針や作戦をどのように立てるかについても考えてみましょう。

田村　たとえば、「お客様に喜んでいただくこと」が理念なら、「どうしたらお客様が喜んでお金を使ってくださるか」を真剣に考えることになります。

田口　喜んでお金を使ってくれるということはすごいことですからね。お客様に喜んでお金を使っていただくためには、「お客様が本当に喜んでいただけるもの」を、「お客様にご満足いただけるように提供していく」しかありません。

田村さんがおっしゃったことでいえば、キリンの場合、工場の人びとが「キリンの品質」に誇りを持ち、「美味しいビールをつくろう」と一生懸命になっていた。これは「お客様に本当に喜んでいただけるものをつくる」ということです。そして田村さんは、「どの店に行ってもキリンがきちんと置いてある」状況をめざされた。これは、「お客様にご満足いただけるように提供する」ことです。

このように「お客様のため」という視点で考えていけば、シンプルなはずです。理念を具体化した、行うべき「方針」が出てきます。

ところが多くの人が、数字をどうやってやるか、利益をどうやって上げるかばかりを考えて、そのために、人を減らすとか、組織を増やしたりするとか、あちこちいじり倒して仕事をした気になっている。お客様から見たら、それは「お宅の都合でしょ」ということでしかありません。そうやって自己都合ばかりでやっていて、お客様のことを考えていなければ、お客様に本当に喜んでいただけるものなど提供できません。

お客様に「虚心」で向きあうのがいちばん

田口　さらにいえば、お客様のことをマーケティング的な手法だけで知ろうとするのも正解とはいえません。有名な話ですが、スティーブ・ジョブズは顧客のニーズを調査するマーケティング的な考え方だけではダメだと指摘していました。

「顧客に、何が欲しいかを聞いても意味がない。たいてい、人は実際に形にして見せてもらうまで、『これが欲しかった』ということがわからないものだ」

これはとても大切な視点です。顧客自身も、自分が何が欲しいのかわからないのですから、「そうそう、これだよ」と顧客が思う物を出せるかどうかが勝負なのです。それには、マーケティングではなく、顧客の心に徹底して向きあう以外に方法はないと思います。

田村　それしかないと思います。私の指示は、「顧客満足以外のことは一切やるな」というものでした。「この仕事はお客様のためになっているのかどうか、それだけ考えろ」と。「あとのことは、一切やるな」と指示していました。そうはいっても、最初のうちは判断に迷うことばかりです。でも、「一切やらない」と思いつづけていると、だんだんわかってきて、やらなくなるものです。とにかく、そうした習慣を身につけることです。そうすると自然にお客様に虚心で向きあうようになっていきます。

田口　「虚心」というのは、いい言葉ですね。岡倉天心が『茶の本』で、こんなことを語っています。

「われわれはおのれの役を立派に勤めるためには、その芝居全体を知っていなければならぬ。個人を考えるために全体を考えることを忘れてはならない。この事を老子は『虚』という得意の隠喩《いんゆ》で説明している。物の真に肝要なところはただ虚にのみ存すると彼は主張した。たとえば室の本質は、屋根と壁に囲まれた空虚なところに見いだすことができるのであって、屋根や壁そのものにはない。水さしの役に立つところは水を注ぎ込むことのできる空所にあって、その形状や製品のいかんには存しない。虚はすべてのものを含有するから万能である。虚においてのみ運動が可能となる。おのれを虚にして他を自由に入らすことのできる人は、すべての立場を自由に行動することができるようになるであろう。全体は常に部分を支配することができるのである」（岡倉天心著、村岡博訳『茶の本』岩波文庫）

組織をいじり倒して仕事をしている気になっているような経営者は、まさに器の形や、屋根や壁の形ばかりに気をとられているのです。それこそ、お客様から「お宅の都合でしょ」といわれることばかりやっている。そんなことが「真に肝要」なことであるはずがない。

ここに書いてある、「おのれを虚にして他を自由に入らすことのできる人は、すべての立場を自由に行動することができるようになる」というのは、実に素晴らしい言葉だと思いませんか。

営業担当者を数字で追い詰めても数字は上がらない

田村　最近は、短期の利益を求める株主重視経営が幅をきかせています。しかし、短期の利益ばかりを追求したあげく、短期の利益が危うくなるという逆説的な状況に陥っている会社も多いのです。そもそもお客様との関係構築や、ブランドの育成、いい商品の開発などは、時間がかかるものですし、また戦略的な投資は、初期費用がかかります。時間をかけて顧客からの信頼を高めて業績を上げていくのが王道ではないでしょうか。ビジネスの本質は「価値の創造」にあります。それが、できにくくなってきている。短期の数字も見ておく必要がありますが、本当に大事なことは、短期の数字には出てこないことが多いのです。

田口　数字ばかりで語ると、人間の汗や涙が伝わりにくくなります。典型的には、戦争で「この作戦での、わが軍の戦死者が三〇〇〇人、敵軍が五〇〇〇人」などという場合でしょう。人の生き死にが単純な数字だけで表わされてしまい、個々の戦死者にはそれぞれの人生も、家族もあったことがまったく見えてきません。

もちろん、計数は非常に重要です。事業を持続させるために、利益や売り上げは大事ですし、経営者やリーダーは数字に責任を持たないといけません。

しかし、会社の「数字」は結果を数値化したものであって、「お客様は、何を喜んでくださったのか」「どのようにお客様にお喜びいただいたのか」などということを表現しにくいツールです。数字の裏にある「人間の思い」を読めなければいけません。そのためにも、現場を熟知していることが不可欠になります。

田村　私も数字にはこだわっていました。ただし、数字で部下を追い込むということはしませんでした。リーダーからすれば、数字を武器にして追い込むほど楽なことはないのです。しかし、昔の高度成長期には効果的であっても、低成長時代のいま、普通の人間はそれでは動きません。「言い訳するか、あきらめるか、辞めるか」のいずれかになってしまいがちです。部下の思考を奪うような数字による管理は「敵」だと思っていました。

そうではなくて、リーダーはとにかく、数字の達成に向けての戦略や方針を考え抜かなくてはなりません。そのときに大切なことは、「どういう状態になれば、お客様に十分に喜んでいただけるのか」を考えることです。その「状態」をチームのみんなで合意し、そのうえで、その「状態」を実現するための実行プランをチーム全員でつくっていく。そうすると、数字も実行プランも「自分事」になります。

そのようにして戦略を立案したら、次は行動です。本当にお客様のための活動になっているかどうか、他にもっとやりようがないのかを、リーダーはときどき問いかけ、メンバーがそこに自発的に気づいて行動できるように心を配っていく。

お客様のために地道にやっていると、必ず数字はついてきます。

私は数字を、健康診断の指標のように、チェックリストとして使っていました。そして「みんなの活動により数字が〇・一％伸びた」ということを、メンバーに報告していました。部下に媚《こ》びることはしませんでしたが、結果はどんな小さなこともマメに伝えていました。

いまの経営は、人間をコストと見なしがちですが、人間とは、コストではなくて、新しい価値を生み出す存在なのです。「お前、数字がいっていない。どうしてくれるんだ」といくら詰めても、イノベーションは起きません。まれに数字で追い込むことで、苦し紛れにイノベーションを生み出す人間はいるかもしれませんが、それは王道ではない。持続できないのです。

田口　数字で追及するのは、逃げ道がないところに追い込んで責め立てるわけですから、まさに覇道です。上を見てビクビクしたり、やったふりをしたり、ゴマをすったりする人間ばかりを増やす結果に終わりかねない。ひどい場合には粉飾決算まがいのことをして、数字を「つくる」ようになっていく。まさに面従腹背《めんじゅうふくはい》。誰も、自分の足で立って、自分の心を高めていくことはしなくなります。

田村　数字で追い詰めたって、ろくなことはありません。「ビールを何ケース売ってこい」といったって、誰も燃えないですよ。「はあ……」という感じでしょう。「まあ、仕事だからやりますけれど」という程度です。数字の言い訳なんて、いくらでもできます。本人が本気にならないと、何も変わりません。

田口　「先義後利」という言葉があります。まず義があって、あとから利が伴う。義というのは、自分のやるべき役割を果たすという意味です。自分が役割を果たすと、放っておいても利がついてくる。計数は上がるのです。

逆に、数字を追及して計数が上がったからといって、自分の役割をきちんと果たせるとはかぎらない。だから、まず自分の役割を果たすことに没頭しなければいけません。

田村　数字は大事なことではあるけれども、それを達成するために重要なのは、理念の追求度です。「お客様のために」と思って、それ以外のことを一切やらないくらいの純粋な追求度が大事です。一二〇％追求する。そうすると、必ず実績が予定を上回ってくる。

計数から入ると、何も考えなくなって、工夫しなくなる。「何軒訪問してこい」といわれたら、何も考えずに件数だけをこなすようになる。「こんなことをやったって、意味がないのに」と思いながらやっているから、疲れるし売り上げはついてきません。

責任を果たすために、権限がある

田村　もう一ついうと、リーダーが細かい指示をすればするほど、メンバーは上司を見るようになります。上司を見て、「ビジョン」を見なくなる。

私の部下のリーダーたちは、自分の部下に任せながらも、メンバーの行動スタイルはきちんと把握するようにしていました。リーダーが現場を回ると、たとえば「彼の回っているところは、POPが常に変なところに貼ってある」というようなことがわかります。そういったことをきちんと把握して、そういう行動スタイルを変えてもらうようにする。

ただし、あくまでも権限は委譲する。権限は委譲して、責任はリーダーがとるというのが、組織の原則です。

もちろん最後の責任はリーダーにありますから、メンバーに丸投げしてはダメです。放置しないで、常にリーダーがメンバーに「あなたのことをよく見ているよ」というメッセージを送りつづける。「あの店に行ったけど、こうなっていたよ」というようなことを折にふれて指摘すると、部下は「このリーダーは自分のことをよく見てくれている」と思う。

メンバーの話をよく聞くことも大事です。一人ひとり、個別に考えていることが違いますから。それをよく聞いたうえで、個別に適切な指示を出していく。とても手間がかかるわけですが、これがリーダーの「基本活動」と考えていただきたいと思います。

繰り返しますが、権限と責任を一体化させておくことが大事です。最近よくいるのは、権限を奪ったうえで、責任だけ追及するリーダーや経営者。これは絶対にダメです。

田口　東洋思想における責任と権限というのは、「責任を果たすために、権限がある」という考え方です。責任の内容によって、権限は変わってくる。

責任も果たさないのに権限をくれといわれても、あげようがない。そして逆に、権限も与えないのに責任を果たせと迫るのは、あまりに残酷です。

田村　私の尊敬する先輩は、どんな困難があっても、リーダーとして絶対に逃げない人でした。「工場のため」「会社のため」という大義があって、ブレなかったし、どんなことがあっても、けっして言い訳をしなかった。マネジメントのスタイルは、完全に任せるけれども、きちんと見ていて、年に三回くらい、さりげなく、しかも的確に指摘する。

逃げない人ですから、もちろん何かあったら自分が責任をとる。そういう人に評価してもらったので、「こういう人がいたのだから、最後までこの会社で闘わなければ」と思えたのです。その方は、お亡くなりになりましたが、いまもお墓参りに行っています。

田口 きちんと部下に責任と権限を与え、しっかり見守り、しかも逃げない人。それに尽きると思います。いまは逃げる人が多いですから。

田村 会社で少し偉い地位に立つようになると、その先に高額な年収と社会的な地位という美味しい果実がぶら下がっている。それが欲しくなると、人事権者と良い人間関係をつくることをすべてに優先するようになってきたりする。ひどい場合には、上のいうことは唯々《いい》諾々《だくだく》と承って、それを具体的に達成するのは部下に押しつける人も出てくる。結局、自分では何のリスクもとらない。これでは部下はたまりません。リーダーがそうなっては、誰もついていかなくなります。

リーダーこそ、自分の足で立たなければいけない。大きな責任があるのですから。

第五章

「お客様満足と生産性向上」を両立させる営業戦略とは

なぜ「存在意義」を考えることから始めるのか

田口　これまで経営戦略として、他社に対して競争優位をつくる戦略が唱えられてきました。ところが、田村さんのやってこられたことは、他社ありきではなくて、自社の存在意義、自社の存在の仕方を見つめていくというものでした。単に競合相手に勝つということではなくて、お客様の「心の問題」へ入っていった。『孫子』の戦略論の真髄、「戦わずして勝つ」です。

戦略の真髄ともいうべき、存在意義を問う。会社の存在意義を問い、部下の方々一人ひとりの人間の存在意義を問うた。メンバーの皆さんは、田村さんから「どういう人生を歩みたいのか」と人生観を問われたわけです。

『論語』の学而第一に「君子《くんし》は本《もと》を務《つと》む。本立《もとた》ちて道《みち》生ず」という言葉があります。「立派な人は本質に立ち返る。本質がしっかりしてこそ、道が開ける」という意味です。田村さんは、『論語』が説いているとおり、本質に還ったのです。

田村さんは、キリンビールは何者なのか、キリンという会社は社会に存在する意味があるのかを、とことん考え抜いた。なぜ田村さんは、「存在意義」に着目されたのですか。

田村　私が入社したころにはあれだけ売れていたキリンビールが、なぜこんなに売れなくなってしまったのか。それは、やはり不思議でしかたがありませんでした。同じような人間がやっているのに、なぜ、こんなに違ってしまったのか。わけがわからなかった。「企業理念」とは何だろうかと、本当に考えさせられました。キリンビールは、「お客様本位、品質本位」でずっとやってきて、売れて売れて困ったほどの時代があった。言葉は変わらないはずなのに、何が違うのか。それを知りたかったのです。

田口　一方、そのときキリンの本社のほうは、アサヒビールが『スーパードライ』の大ヒットで追い上げてくればくるほど、アサヒをマネしようとしてしまった。

田村　そうです。自分たちが何者かわからなくなってしまった。アサヒビールが大ヒットしているので、それをマネることが戦略になってしまった。自分たちが確固たる軸を持っていて、そのうえでアサヒのいいところを取り入れていくなら、よかった。しかし、軸そのものが見失われると、ただの「モノマネ」になってしまう。

今年アサヒがこうやったから、キリンもやる。翌年アサヒがこうやるから、キリンもやる。しかし、自分が何かわからなくなってしまったら、お客様からの信頼など得られるはずがありません。私はそう考えて、なぜキリンが長年お客様から支持されてきたのかという理由を知りたくなった。そこで戦前・戦後に先輩たちが何を考え、どうやってきたのか、キリンビールの歴史を振り返り、キリンとは何者かを考えてみようとしたわけです。

業績が急に厳しくなると、社内もバタバタするし、自分たちの土台そのものがわからなくなってくる。それではどんなに頑張っても、水面の上には立てません、立つためには土台がいる。その土台を考えざるをえませんでした。

田口　それで行き着いたのが、「すべてはお客様のために」という視点だった。

田村　そうです。視点はすべてお客様に置こうと考えました。お客様に喜んでいただく。喜んでキリンを手に取っていただく。キリンを飲んで、「ああ、いい一日だった」と喜んでいただく。それがキリンの企業理念であり、自分たちの使命だと思い至りました。ならば、それを実現するためには、どうしたらいいのか。現場でお客様の話をよく聞いていましたから、何となくイメージも湧いてくる。いま思い返してみると「存在意義」から考えたところが大きかったと思います。

「フードメニューづくり」の経験が教えてくれたこと

田村　高知支店で働いていた女性社員の話ですが、入社以来、仕事というのは上から与えられたことさえやっていればいいと思っていたそうです。しかし、「お客様に喜んでいただけることは、何でもやろう」という方針になったあと、セールスから頼まれて、飲食店さんのフードメニューをつくることになった。

実はそれまでキリンでは、お酒の売り上げと関係ないフードメニューなどはつくってはいけないことになっていました。一つのお店につくると、他から頼まれたときに断われなくなってしまいますし、そうなると仕事が際限なくなってしまうからです。

しかし、高知支店では「お客様に喜んでいただけることだけをやる」といわれていたので、フードメニューをつくった。するとそのお得意先の飲食店さんからも大いに喜ばれ、セールスからも感謝された。

そのときに彼女が気づいたのは、「ルールは変えてもいいのか」ということだったそうです。仕事というのは自由にできるものだという気づきです。

それから彼女の仕事はどんどん積極的になっていきました。お客様に喜んでいただけることで自分のできることは何でもやっていこう、と。担当のセールスが帰ってくると、「あれ、どうでしたか？」と聞きたくなる。そしてお客様の反応を聞いて、もっといいものをつくる。さらには、セールスに同行して飲食店さんのお話を聞くこともやりだした。そうすれば、お客様にもっと喜んでいただける。評判が口コミで広がっていき、ときにはキリンに切り替えてくださるお店も出てきた。そのような反響を受けて、彼女は奮い立ちました。お客様にもっと喜んでいただけることが、彼女自身の喜びになり、その思いに突き動かされて、彼女自身の仕事の質も上がっていきました。

田口　彼女は創造作業をしていたのです。創り出す喜び、表現する喜びというのは、すごいものがあるのです。これは、自己作品の社会化ともいえます。要するに、自分がつくったものが、社会のなかに受け入れられて、入っていく喜びです。ここに最大の喜びがある。まさに「生命が喜ぶとき」だといえるでしょう。

田村　創造性を発揮できる喜びですね。この話からわかることは、一つは、権限委譲の大切さです。自分の発意で仕事を進めていけるようにしていかねばなりません。

ただし、もちろん、高知支店も最初から権限の委譲ができたわけではありませんでした。メンバーが最初、どんどんお客様を回りはじめたときは、お客様のご要望をとにかく全部聞いていました。「ビールグラスがほしい」とか「協賛してほしい」などです。なぜなら、瞬時に応じないと、お客様がアサヒビールに変えてしまうような状況だったからです。

しかし、そうしているうちに、当然のことですが予算が底をついてきてしまった。そこで自分たちで考えて、自分たちで決めるようになっていったのです。一人ひとりが工夫し、お金を節約し、お客様と交渉してコストを下げるようになっていきました。

権限の委譲には、一年くらいはかかったのではないでしょうか。そもそも、お客様を回ったことのないチームに、権限委譲はありえません。経験を積むなかで、成功パターンのようなものが見えてくるのですから。

田口　そこはおっしゃるとおりでしょうね。現場を知らず、経験もない人に権限委譲をしてみても、そもそも正しい判断をすることが困難なはずです。

田村　それと同時に、やはり「お客様のために」という理念と戦略がなければいけない。これがないと、自由に動けません。さらにいえば、理念を追求していると、チーム内に「平等」的な面が出てくるのです。「理念」を掲げると、その理念に向かってみんなそれぞれが進んでいくので、トップも部下も、役割が違うだけで平等だという感覚に変わっていくのです。

田口　「真理の前にすべて平等」という言葉がありますね。真理を語っているときは、もうその人間の地位も年齢も何も関係ない。「真理の前に平等」であることは、たとえ会社組織であろうとも変わらないのです。

田村　会社組織は普通はピラミッド構造ですが、しかし、そこに「理念の追求」という別の概念を投入することによって、組織を動かす原動力にしていけるイメージです。一人ひとりの従業員の魂に活気を帯びさせるということでしょうか。真理や理念の前に平等なので、上司も部下も、自分の考えていることを率直にいって、議論して、結論に対して主体的に行動する。やっていることは同じようでも単純な上意下達の組織運営とはまったく違う行動様式になるのです。

「生産性」を上げる原動力も「理念」

田村　もう一つ大切なのは、「理念」の追求と「生産性」を上げることを両立させることです。企業活動である以上、お客様に継続して喜んでいただくためには、赤字では続けられません。「お客様のため」というと、ボランティア的に思われてしまうこともありますが、まったく違う。お客様満足を追求すると必ず、「効率」にも同時に向かっていくのです。

一人でも多くの方にキリンの商品価値や思いを伝えたい。そのためには、もっと効率的に話し、行動し、もっと良い施策を考え、徹底的に実行するようになっていきます。活動全体が効率化されてくるのです。予算については、いつもオーバー気味で、常に悩まされましたが、予算があったから無駄を省こうと工夫したりして、お金を丁寧に使うようになっていきました。

そうしてわれわれが頑張れば、お客様が広く喜んでくださる。売れてなくても置いていただけるお店もある。応援してくださる。当然、働くのがおもしろくなる。どんどん生産性が高まったのは、働くのがおもしろくなったからです。

無駄を排除したり工夫をしたりして、八時間かかっていたものを三時間でやり、生み出された五時間で、もっとお客様に喜んでいただく活動をする。本気になると、仕事がおもしろくなる。当時はＩＴもＡＩ（人工知能）もありませんでしたが、もしあれば真っ先に研究して、仕事に生かしたり、本社に提案したりしていたはずです。

「最近、労働（残業）時間短縮と、売り上げ（利益）必達が同時に指示として下りてくるが、いったいどうしたらよいか」という質問をよく受けますが、その答えはこういうことなのです。

田口　先ほどご紹介いただいたフードメニューの件もそうですね。しかし本社は、一つのお店のフードメニューをつくったら、他のお店にも波及するから大変だと考えていたわけです。たしかに、新しい時間を生み出して、そこでフードメニューのような仕事をやっていくのは重要ですが、しかし、それが際限なくなってしまうと、「効率性」の面からはできないことになってしまいます。その部分はどのようにクリアされたのですか。

田村　高知支店では、「お客様のため」という理念が確立していたので、どうにかしてやってしまおうと考えるわけです。お客様は、きれいなフードメニューで喜んでくださる。もちろん、もしかすると、他のお店からも要求されたり、クレームが入ったりするかもしれない。しかし、問題が起きたら、問題に対処すればいいのです。「問題が起きそうだからやらない」のではなく、やってみて問題が起きたら、自分たちでうまく解決する。そこで効率化する工夫が生まれる。結局、短時間でメニューがつくれるようになり、こんなことまでできますと、むしろフードメニューを武器に新規開拓をするようになりました。

なぜそうなったかというと、「理念を現実のものにするのが仕事」だと、仕事の定義が変わったからだと思います。

どこの企業も似たような競争をやっていますが、差がつくのは方針の徹底度なのです。徹底できるかどうかは、理念の追求度にある気がしています。結局、組織というのは方針に一貫性がないとダメです。一貫性がないと、組織を持つ意味がなくなってしまう。

田口　同時に、徹底とは何かというと、「余計」を排除することですね。

田村　おっしゃるとおり、曖昧さの排除です。曖昧な部分をゼロにするところまで考え抜く。その意味で、第三章でご紹介いただいた「一燈《いっとう》を提《さ》げて暗夜を行く。暗夜を憂《うれ》うること勿れ、只一燈を頼め」という佐藤一斎の言葉は、非常に胸に染みます。「只一燈を頼め」というのは、まさに徹底ですね。迷うことなく自分自身の一燈だけを見て、他は見ない。自分を信じろと。これは、とても勇気のいることですが。

田口　いま、とても重要なご指摘をされました。「勇気」があるかどうか。ここが、とても大きなところです。

田村　普通、会社員はなかなか勇気が持てない。なぜかというと、指示と違うことをやって失敗するのは、リスクが高いからです。それよりも、いわれたことだけをやっていたほうが安全であるように思えてしまう。

ところが、安全だと思ったほうが安全ではないのです。なぜなら、指示待ちで二十年やった人間は、使い物にならなくなるのです。成長しないからです。だから意外と、勇気を持ってリスク覚悟で挑戦しているほうが、リスクが少ない。ＡＩやロボットの時代になれば、いわれたことだけしか処理できない人間など、真っ先に不要になりますから、ますます生き方としてハイリスクになるでしょう。だから、勇気を持つことが必要なのです。

いったん更地にしてそこに建てていく

田口　田村さんは、まさに勇気を持って、徹底的に、なすべきことをなされたわけです。中国古典の帝王学の名著『貞観政要《じょうがんせいよう》』では、ものの成り立ちというのは、「撥乱反正《はつらんはんせい》」「創業垂統」「継体守文」の順番だということを強調しています。

たとえば、ビルを壊して新しいビルを建てるときに必要なのは整地です。跡形もなく全部きれいにしますよね。「撥乱反正」というのは、そういう意味です。撥《ばち》（三味線などの撥や太鼓などの撥のこと）で乱れを叩く。整地をして真っ平らにするということ。それで、正しさに還るのが、「反正」。原点に還って、初めて新しい建物が建つ。

田村さんがなされたことは、まさに「撥乱反正」。まったくの更地《さらち》にして、キリンをもう一度建て直していった。たぶん、高知支店という小さな支店だったから、更地にできて一から始めることができたのだと思います。

田村　おっしゃるとおり、東京、大阪では難しかったでしょう。いまのお話で感じたのは、私たちは、更地にしたうえで、先輩たちから受け継がれている本当のキリンの良さを、柱として建てたのではないでしょうか。そうしたことで、お客様がキリンを理解しやすくなったのではないか、と思います。

田口　もちろん、更地にしたとしても、その土地の記憶というのはあるわけです。「地霊」という言葉がありますが、土地には、そこに宿る地霊というものがある。それを無視して、とんでもないものがそこに建つと、反発が生じる。

たとえば、伝統的に名高い文教地区だった土地に、歓楽街を建てようとするのは、やはり間違いなのです。街のあり方や、周辺環境というものがありますから、そぐわないものは調和を乱す。土地に聞き耳を立てて、土地の本質に戻って、周りと調和したものを建てることを考えないといけない。

田村　お客様には、キリンビールの過去の記憶というものがある。私は、それを聞きました。「キリンは、こういうふうに思われてきたのか」「キリンは、こんなに大事にされてきたのか」ということがわかってきた。キリンがラガーの味を変えてしまったのは土地に調和しなかったということなのでしょう。だから、「いまキリンをお飲みいただいている方を徹底的に大事にする」考え方で成功したのですね。

「傾聴」が顧客との信頼関係を醸成する

田口　『老子』の三十七章に「道は常に無為《むい》にして、而《しか》も為《な》さざる無し」という言葉があります。「無為」になれば、できないことはないという意味です。

では、「無為」の反対は何かというと、「作為・人為」です。同じように「お客様のために」やったとしても、もしそこに作為・人為があったとすると、「自分の業績を上げたいんだろう。キリンのビールを売りたいだけだろう」と思われてしまう。作為・人為があると、同じ言葉でも逆効果になってしまうのです。

「口コミで伝わった」とおっしゃいましたが、キリンを飲んでいる人が、「自分はこれが好きなんだ。とにかく好きなんだ」という魂の叫びをすると、周囲の人に響く。愛飲者は、キリンの社員ではありませんから、別に「作為」で売り込んでいるわけではない。だからこそ、魂が呼応して伝わっていく。そしてそれは、高知支店の考え方がきっかけでそうなった。そういう意味で、「心と心がいかに結びつくか」ということが本質なのです。

田村　高知の人と心がつながった。そういう感覚を持てたことは嬉しかったですね。当時は、毎日宴会や飲み屋さんに出かけていって、平均二〇人に話を聞いていました。一カ月で四〇〇人、年間だと五〇〇〇人くらいになるでしょうか。延べにすると、高知支店時代の六年間で三万人くらいと話をした。皆さんがおっしゃったのは、「キリンらしく堂々としていればいいんだよ」ということでした。アサヒを飲んでいる人からもいわれました。「俺は、アサヒを飲んでいるけど、キリンは堂々としていればいい」と。それならば、キリンがキリンらしくあるには、どうしたらいいのかということを考えつづけた。それで、キリンの存在意義というか、キリンは何者かということに行き着いたのです。

田口　聞いたというより、「傾聴」されたのでしょうね。まさに必死に耳を傾けて聴いた。傾聴というのは信頼醸成の、いちばんすごい方法です。

本当に傾聴している人というのは、ものすごく質問するのです。しかも、質問の内容が違う。相手はその質問で、「この人は自分の話をよく聞いてくれている」とわかります。これは、コミュニケーションの基本です。田村さんも、きっといい質問をされていたのでしょう。

田村　いいかどうかはわかりませんが、しつこく聞いたことは確かです。相手はビールの銘柄のことを常日頃から考えているわけではないですからね。しつこく聞くと、「そういえば、コマーシャルで」とか「周囲がこうだった」とか、思い出したように話してくれる。

もう勘弁してくれといわれることもありましたが、しつこく聞いたことで相手の方は、友だち関係のようなものが築けたように感じてくださったようです。一回か二回しか会ったことがなくても、「俺は、キリンの田村支店長と友だちだ」といってくださる方が多かったのは、私自身、とても嬉しいことでした。

田口　聞き方のプロだとか、マーケティングのプロがお客様に聞きに行ったほうがいいと思っている人びとも多いですが、プロが聞くと、心の交流までいきません。田村さんは、もうどん詰まりだから、商売もへったくれもなくて、本当に相手の話が聞きたかった。

田村　そうです。本当に、どうしていいかわからなかったですから。情報収集とか、そういうレベルではなかったです。

田口　それはもちろん、聞く姿勢とか、目の色が違いますよ。鬼気迫るものがあったというのではなく、的確な質問ができたのだと思います。矢継ぎ早に適切な質問をした。そういうやりとりが一回でもあれば、心がつながりますね。

幕末の名だたる志士たちは、西郷隆盛にしても、吉田松陰にしても、みんな水戸藩の藤田東湖と心の交流をしたと思っていた。でも、ほとんどの人は、藤田東湖には一回ぐらいしか会っていません。十五分とか一時間会っただけですが、それがとても濃密な時間で、それから手紙のやりとりが始まるのです。人と会うのは、時間の長さではない。会話の質や密度が、ものすごく重要です。

「重点化」「選択と集中」の落とし穴

田口　いま、「しつこく聞いた」という言葉がありましたが、最近、世の中では逆のことがいわれることが多いですね。「効果的に売ろう」「効率的な仕事をしよう」という声ばかりが聞こえてきます。

田村　そうすると、たとえば「重点化」ということが起きます。どの会社も、いまは「選択と集中」です。しかし重点化すると、他を切り捨てることになる。意外にそれでうまくいかなくなるケースが食品業界には多かったです。メーカーも問屋さんも同じ落とし穴に入り込んでしまうことが、よくありました。

「お客様に喜んでいただく」という使命があるとすると、最初から切り捨てるというのは、やはり、おかしいと思いました。

たしかに、得意先を全部回るのはものすごく時間やコストがかかり、一見、非効率と考えがちです。しかし、使命があるからこそ、全部回らなければいけない。そう思うと、情熱やエネルギーが湧いてくる。情熱が湧いてくるから、効率化する知恵も出てくる。そして、その情熱が相手にも伝わるのです。

重点化の問題点は、「ここさえ押さえておけばいい」と思って、安心してしまうことです。安心して、工夫もしなくなってくる。「全部やらなければいけない」と思うと、ものすごく工夫が必要になるのです。また、えてして重点化する先は、ライバルも重点化するものですから、競争が激化します。

田口　人間というのは、行動しながら、学んで、思考する存在です。だから、最初から重点化してしまうと、行動の範囲が狭くなることで、思考も狭くなり、だんだん工夫もできなくなってしまう。人間は、行動して、初めて色々なものを発見できると考えるべきです。行動すれば発見がある。重点化すると、その部分が、どんどんなくなってしまう。

田村　しかし、高知支店でも結果としては重点化になっているのです。「最小のコストで最大のお客様満足」を追求すると、当然そうなります。

ただし重要な差がある。それは、入口の違いです。高知支店の場合には全部回ろうとしてましたから、重点化以前に、市場をくまなく知っているということです。「とにかく回る。全部回る」というのは、戦略としては「集中」と逆ですが、しかし、市場を知らないで、どうして「集中」ができるのでしょうか。市場は複雑系で常に変化しています。最初に効率化を考えるのではなく、まずは全部やろうと考えるからこそ、現実と本質が見えてきて、効率化されます。

田口　『論語』の為政第二に「子曰《しいわ》く、学びて思わざれば則《すなわ》ち罔《くら》し、思いて学ばざれば則ち殆《あやう》し」とありますが、要するに、学ぶということは行動するということです。行動して考える。考えてまた行動する。その繰り返しが人間の成長なのです。入口で重点化することは、それを断ち切ってしまうから、ダメなのです。

田村　会社経営でも「選択と集中」で失敗していることが意外に多いのです。しかし、「戦略は集中とスピード」であることは間違いありません。それなのに、なぜ失敗するのか。戦略が正しくても、「個別の判断」でミスするケースが多いのです。それだけ、この「個別の判断能力」は重要なのです。私は常に「戦略」と「個別の判断」は別物と考えていました。この力を養うのには、たくさん現場を見て、考え、行動し、また現場を見ることを繰り返す体験を持つことではないでしょうか。そこに本質があると思うのです。

田口　現場を無心に見て、本質をつかんだということですが、「情報」というものは二通りからできているのです。「論理の情報」と「情緒の情報」です。「論理の情報」はデータ、計数などの客観情報です。一方、現場に行って自分の目で見るのは、主観的な「情緒の情報」です。この両方で成り立っている。

それにもかかわらず、戦後の日本では、とかく「論理、論理」で、論理の一点張りでした。もちろん第二次世界大戦中の日本のように、情緒や精神力ばかり強調するのは困りますが、かといって論理一本槍でもいけない。論理と情緒の両方があって初めて、本質がわかるのです。これも「陰陽和す」ということです。

田村さんも、現場に行く前に客観的な計数情報を得て、ご自身でもずいぶん論理的に考えたうえで、あらためて無心になって現場に向かったのではないでしょうか。それで自分が想定していたことと違えば本質に気づくヒントが見えてくるし、自分の想定したことと同じでも、やはりヒントが見えてくる。そうやって、陰陽和して、本質が見えてくるのです。

田村　たしかに、スタートはキリンラガーの落ち込みがひどいことを示す県別、市町村別のデータでした。ラガーというお荷物を背負い、この荷物がなければ楽なのにと思っていました。そういうデータを頭に入れて、「市町村別に、なんでこんなに差があるのだろう」などと思って、現場を見ていたように思います。

その後も、私たちの活動がお客様からの支持を得ているかどうかは必ず数字に現われますので、人一倍データが意味するものを読み取ろうとしていました。

値引きではブランド力は上がらない

田口　営業の戦略を考える場合、「値引き」という問題もあります。田村さんは、この「値引き」について、どのように考えてこられたのでしょうか。

田村　忘れてはならないのは、お客様満足を追求することは、ブランド力を上げるのと同じことだということです。単純に値引きするだけでは、ブランド力は上がりません。たとえば、お店の方に、「今月は値引きするので、一〇〇ケース売ってください」とだけ伝えていくらお願いしても、お客様にメッセージが伝わりません。

「値引きしますので、売り場のいい場所に、こういうふうに置いてください。お客様へのメッセージは、こういうふうに貼ってください」とやれば、値引きを利用して、ブランド力を上げていくことができます。

値引きが悪いわけではなく、値引きによって一時的に出荷を増やすことだけを目的としてしまうからいけないのです。値引きを利用して、ブランドからのメッセージを伝え、価値を高めていかないといけない。

キャンペーンも同じです。キャンペーン自体を目的とするからいけない。キャンペーンを利用してブランド力を上げていけば、お客様の喜びを増やすことになります。それが自分たちの使命だと考えていました。

田口　物事には「平時」と「有事」があります。日々「平時」の努力を蓄積していくと、ボディブローのように効いてくる。「雨だれ石をも穿《うが》つ」の論理です。それに対して値引きは、いわば「有事」です。「有事」は、とんでもないことが起こっているときですから、いままで毎日着実に蓄積してきた平時の努力をすべてご破算にしてしまう危険性もある。

田村　値引きだけで売り上げをつくることばかりしていたら、営業部門の人間も努力しなくなります。日々の活動を積み上げるよりも、値引きに頼るようになる。下手な値引きを繰り返すと、お客様は値引きされた価格がその商品の値段だと思ってしまいます。そうすると、元の値段に戻したら売れなくなる。下手をしたら、値引きを繰り返すことによって、「安物」というメッセージをずっと発信しつづけることになってしまう。これは、その商品を愛してくださっているお客様への裏切りですし、会社にとっても不幸なことです。

田口　結局、墓穴を掘っているのです。日々の活動の否定をしているわけですから。根気よくやっていったほうが、蓄積ができます。

田村　蓄積ができると、あるとき何かのきっかけでブランドスイッチが起こります。飲み屋さんで「これだけ協賛金を払いますので、キリンにしてくださいといえば、喜んで切り替えていただけることもあるでしょう。しかし、それでは「金の切れ目が縁の切れ目」になりかねません。値引きではなくて、日々、信頼を積み上げていくと、ある日「じゃあ、キリンに切り替えようか。キリンにしたほうが良さそうだ」ということになり、ブランドスイッチが起こるのです。長い目で見ると、こちらのほうが効率的です。

田口　田村さんの戦略がなぜ成功したかということにも通じるのですが、「根本」と「小さな作業」のバランスがいいし、「行動」と「思考」のバランスがいい。

『論語』の衛霊公第十五に、「遠慮なければ必ず近憂あり」という言葉があります。遠いビジョンがないと、手近なところで問題ばかり起こる。遠いビジョンが明確になればなるほど、手近なところの憂いがなくなっていく。手近なところに力を注ぐ必要がなくなってくるわけです。遠いビジョンに基づいて行動してこそ、クレームがなくなったり、他社へのブランドスイッチがなくなったりするものです。

分析しすぎると動けなくなる

田村　営業戦略を考えるとき、売るための「ノウハウ」を重視します。しかし実際には、ノウハウは簡単にマネされてしまいますから、競合他社との比較優位に立ちにくい。しかもノウハウは指示として下りてくるので、やっていてどこか疲れてしまいます。

高知支店には、ノウハウと呼べるものは何もありませんでした。最初は、店舗を一生懸命に回っただけです。

お客様のためにやっていると、自然と頭のなかで色々と考えるようになります。「こういうふうにメッセージを伝えたらいいかな」などという知恵が湧いてくる。それをみんなで共有して、「こういうやり方でいったらどうだ」ということを、日々つくりだしていった。お客様のためにと一生懸命に回っているうちに、あとからテクニック、ノウハウ、戦術、戦略がついてきた感じです。

田口　現場が行動しながら考えて、現場を掘り下げて戦略をつくっていったということですね。

田村　一つひとつのスーパーや飲み屋さんには、様々な現象があります。それを見て「なぜ、こんな現象が起きているんだ。こういう理由なのではないか」ということを概念化して、作戦を考え、現場で実行する。そこでまた現象をよく見て、良い結果が出たらそのまま行動を徹底して続ける。悪い結果が出れば、別の仮説を試行錯誤し、望ましい結果が出るまであきらめない。そういう作業を繰り返していって、目の前の現象を掘り下げていった。そうすると、だんだん本質的なことが見えてきました。

徹底的にローカルに入ることによって、グローバルな力を手に入れることができると思います。本質さえつかんでしまえば、高知だろうと、ニューヨークだろうと、中近東だろうと、どこでも通用すると思いました。各地ごとに、食文化、国民性、所得水準、流通構造などの違いはあるけれども、もっとも適したベストのやり方を考え実行できる。それをメンバーは高知でつかむことができたと思います。実は、目の前の仕事に、とてつもないチャンスがあったのです。

高知支店は、全国最下位の支店でした。本社も心配になって、何度も調査チームを派遣してくれました。定量調査も、グループインタビューもして、細かく分析していったのですが、細かく分析するほど市場全体の動きがわからなくなり、どう動いてよいのか、わからなくなってしまいました。

市場は静止せず動いていますから、全体を動きのあるものとして捉える必要がある。そのためには、関係性を考えることが大事になります。たとえば現場でわかったことは、われわれとお客様のあいだには、ブランドが介在しているということでした。ブランドを通じて、お客様とキリンとの関係が成り立っている。お客様は、ビールでなくブランドを買っている。

そこで、ブランド力をどう上げていくかということを考えざるをえません。そうしてトライ・アンド・エラーを繰り返すうちに、あるときに打つ手が全部わかってきた。「ああ、こういうことなのか」と。あとは、それをやりつづけたわけです。わかってからは楽でした。その後、名古屋や本社に転勤し、部下の数も一一人からどんどん増えて、最後は四〇〇〇人になりました。でも、正解はどこでも同じ。高知で学んだことをやっただけです。

田口　本質は、営業の現場にあって、本社にはないということでもありますね。

田村　本社は、やはり理屈の世界です。会議で物事が決まっていきますから、「ああいえば、こういう」ではありませんが、理屈の戦いです。問題が起きると、本社の責任として「何かをしなければいけない」ので、管理を強化しようとしがちですが、しかし、そうすると、現場が本社依存で考えなくなり、現場が現場をわからなくなる。それは深刻な問題です。本社からの指示への対応ばかりに追われ、自分の工夫で何とかしようとしなくなる。形式主義が助長されます

田口　先ほど、『論語』の「学びて思わざれば」という言葉を紹介しましたが、この「学び」というものがなくなってしまうのですね。本社は、むしろ厳しくなったときこそ、現場が動き、現場が考えるようなあり方を、積極的に追い求めたほうがいい。現場に権限を与え、現場の創意工夫を発揮してもらうのです。もちろん、これは「任して、任さず」であって、完全に放任するのとは違います。しかし、「任せる」肚《はら》を持つことが大切なのです。たとえば指示や報告書は最小限にして、現場を回れる時間を、より増やす。

田村　現場は理屈だけではどうにもならない。現場には、事実しかないのです。売れているか、売れていないか、はっきりと現象が現われる。そこに数字が伴ってくる。そういうリ

アリティがあるからこそ、社内で変革を起こせると思うのです。

田口　仏教に、「因縁果」という言葉があります。原因があるから結果があるということですが、あいだに「縁」が入っているのがミソです。どういう心で「縁」をつかむかで、結果が違ってくる。善なる心で「縁」をつかめば、結果は善になる。悪意に満ちて「縁」をつかむと、結果が悪になる。

田村　たしかに善良でなければ、善なる「縁」はつかめないですね。善良だと、思いもよらぬところから返ってくる。経営者は性格が良くないと難しいということですね。

愚直に四カ月続けると変わりはじめる

田村　私が講演などで高知支店の折の体験を語ると、皆さん真剣に話を聞いてくれますが、時折、「田村さんの話は感動したけど、実行に移せない」といわれたりします。

なぜ実行できないのか。理由が二つあると思います。

一つは、「理念」があっても、戦略に落ちていない会社が多い。もう一つは、実行力を上げるための「現場の基本活動」が定義されていない会社も、意外とあります。それがないと、基礎体力がつきません。

田口　田村さんたちは、やりつづけてどのくらいで変わってきましたか。

田村　営業のメンバーたちが口を揃えていうのは、だいたい四カ月です。たくさん回りはじめて三カ月くらいは何も変わらない。一度や二度、営業活動に行ったくらいでは、変わりません。お客様も、営業担当者の相手をするのは面倒くさいですからね。しかし、四カ月目くらいになると、回ることに身体が慣れてくる。何度も何度も行くと、そこから変わってくる。みんな、だいたい四カ月前後でした。それで、メンバーたちは「四カ月の法則」といっていました。

身体が慣れるのに四カ月くらいでしたが、高知支店ではとても厳しい状況でしたので、一年回りつづけて、やっと少し市場が変わっていった感じでした。

なぜ一年かかるかというと、活動が蓄積されていって信頼されるまで、時間がかかるからです。キリンが売れなかったときは、世間には「アサヒビールのほうが売れている」という情報があふれていた。そのなかで、「キリンビールのほうがいいぞ」というメッセージを送っても、すぐには届きません。

平時なら四カ月、逆風の場合は一年はかかるということでしょうか。

田口　一年というのは、四カ月のだいたい三倍ですね。逆風のときには、三倍くらいやらないと変わらないということでしょうね。

実は、私も経営者の方などから相談されてアドバイスすると、よく、「どのくらいで変わりますか」と聞かれます。「一年くらいかかると思う」というと、「一年というのはずいぶん長いなあ」といわれてしまいます。いまは、三カ月を単位にして仕事をしている会社が多いからかもしれません。しかし、田村さんの実感からもわかるように、三カ月しかやらなければ、何も変わらないで終わってしまいます。

「平時なら四カ月、逆風でも一年」やりつづければ、確実に変わるのです。田村さんたちが、それを実証してくれました。これは多くの方々にとって、一つの希望になる指標です。

第六章

なぜ営業という仕事で、人間的に幸せになれるのか

営業の日々の活動でなぜ「悟り」にさえ至れるのか

田口　これまでの章で田村さんがおっしゃってきたことを振り返ると、全部「心」のことを語っていらっしゃるように思います。大前提は「心の問題」ですね。

田村　そうだと思います。「心の置き場」を変えると、良いほうに変わっていくのだと気がつきました。

田口　この章では、なぜ営業という仕事を通じて人間的な幸福を手に入れられるのかということについて、ぜひ「心の問題」として考えていきたいと思います。

本書でこれまで何度も申しあげたように、私は、営業という仕事は、「悟り」にさえ至ることができる仕事だと思っています。私にいわせれば、日々の営業が修行になる。営業をすることで、悟りの境地に至って、幸せになれる。

もちろん、日本人が伝統的に培ってきた「仕事観」からすれば、どんな仕事でも、「悟りに至る修行」だということができるのですが、営業職の場合は、人と人との「心を通じあわせる」仕事だけに、より「悟りに至りやすい」のではないかと思います。

第三章でも紹介しましたが、とりわけ日本の仏教では、人間はみな生まれながらにして仏であり、悟っているものなのだと考え、草木や国土のようなものでさえ、みんな仏性を持っていて、成仏する（「草木国土悉皆成仏」）と考えてきました。

とすると、なぜ、もともと悟っているのに修行をしなければいけないのかという疑問が出てくるわけです。そのことを突きつめて考えた人物こそ、鎌倉時代の禅僧・道元でした。考え抜いた道元がたどり着いた答えが、『正法眼蔵』弁道話にあります。

「いまだ修せざるにはあらわれず、証せざるには得ることなし」

つまり、人はみな、生まれながらに仏であるし、悟っているのだけれども、修行しなければ、それは顕われないものだというのです。ということは、修行して、悟ったと自覚しなければ、「自分は本来、仏であって悟っている」ということも確認できずに死んでいくことになります。それではいけないから、修行こそが大切だということになるのです。

それで道元は「只管打坐《しかんたざ》」といいました。これは「ただひたすらに座禅をする」ことを意味しますが、そればかりでなく、日々の生活の全部、食事も、掃除も、呼吸することも、全部が修行だという考えになっていきます。そのくらい修行が大切だということです。

田村　営業の日々の活動も修行だという考えは、そこから導かれるわけですね。

「一つひとつを丁寧に、心を込めて」する仕事が修行になる

田口　そして、この道元の思想をさらに日常の生活にグッと引き寄せたのが千利休であることも、第三章で少しばかりご紹介しました。千利休は、「仏法修行の心を体して悟りに至る道を歩むのが、茶の湯である」と考えたわけです。これは革命的な思考でした。

普通、茶の湯の先生に「茶の湯の心とは何ですか？」と聞けば、「それは、うまい茶を点《た》てることだ」とか、「作法をきちんと学んで、完璧なお点前をすることだ」という答えが返ってくるのではないでしょうか。

ところが、利休はそれをさらに超えて、「悟るための道具だ」と喝破しました。僧侶は、僧侶としての日々の修行で悟る。しかし茶の湯の道を歩む者は、茶の湯で悟る。それが利休の思想でした。茶の湯の道を真摯に歩むことで、自分が仏であることを確認し、悟りを自覚

するのです。

利休以後、日本では茶の湯だけではなく、あらゆることが「修行をして悟りを自覚する『道』」になっていきます。茶の湯は茶道になりますが、武術は武道になり、花は華道になる。最近は、野球道や、板前道などという言葉を聞くこともあります。

さらに江戸時代、鈴木正三《しょうさん》という武士出身の禅僧が『万民徳用』という書物を書きます。ここで鈴木正三は、日々の自分の職業に励んでいくことが仏の心につながるということを強調しました。そのような考え方を石田梅岩がさらに石門心学として発展させ、多くの商人が、商いを通じて悟りの道を歩む「商道」を自覚していくようになりました。「商いの仕事」そのものが修行であるという伝統が確立したのです。このような伝統が、日本では明治までに確立していたことは、とても大きな意味がありました。

田村 日常の仕事が「悟るための道具」になり、「修行の道」になるというのは、わかる気がします。この場合、単なる「業務としての仕事」と、悟りに至る「修行としての仕事」の違いとは、どこから生まれることになるのでしょうか。

田口 もし、それを道元や利休に聞いたとすると、きっと「一つひとつを丁寧に、心を込めて」という答えが返ってくるでしょう。丁寧に心を込めてやるかどうかだけの違いなのですが、毎日毎日そうできるかどうかで、年月がたつうちに大きな違いになるのです。

田村　そうなのですね。仕事をただこなすのではなく、相手のことを考えて、一つひとつ心を込めてやっていれば、蓄積されると大きな差になってきます。できる営業担当者は、こまめに連絡を入れたり、お礼状を書いたり、お客様のことを考えて一つひとつ丁寧に、心を込めてやっていました。

田口　田村さんやメンバーの皆さんの仕事の進め方は、まさに、「商道」や「修行としての仕事」の伝統に、まっすぐにつながるものだったのではないでしょうか。田村さんのお話をうかがっていると、人間とはどういうものか、人生とはどういうものか。そういうことを悟るために営業がある。そういう感じを受けます。

「悟り」に至るとはどういうことか

田村　私自身、営業という仕事をしていて、あるときにスッと心が深く温かいところに落ち着くというか、そんな不思議な感覚を覚えたことがありました。自分の業績のためではなく、お客様に喜んでいただくために無心になって仕事をしているうちに、「悟り」というとおこがましいのですが、何となく、そのような感覚を覚えたのです。ですから私は、仕事を通して「悟り」に至ることはありうるのではないかと、感覚的ですが、そう思います。

田口　おっしゃるとおり、田村さんは仕事を通して、悟りに至ったのだと思います。ただ、多くの方々は、「悟り」といわれても、それがいったいどういうものなのかについて、なかなかイメージできないと思います。

そこで、ご参考までに、個人的な体験で恐縮ながら、私が十数年、瞑想、座禅をした折の経験を紹介したいと思います。

私は、正眼寺《しょうげんじ》という臨済宗のお寺で修行された方に師家《しけ》（禅宗で修行者を指導する師）になっていただき、十三年ほど毎日座禅に取り組みました。ただし、足が悪かったので、足をきちんと組んだ座禅ではありませんでした。半跏《はんか》といって、台座に腰掛けて片足を下ろし、もう片方の足を下ろした足の腿《もも》に乗せて足を組む形での瞑想です。半跏で座り、背骨を立て、腹式呼吸をし、目を半眼にして瞑想し、心に浮かんでくることを見つめるように指導されました。

最初は、自分の心に浮かんでくるものを見つめると、本当に辟易《へきえき》とします。湧き上がってくる心は、事業経営のお金のことであったり、美味しいものを食べたいという食欲のことであったり、人間関係のことであったり、美しい女性のことであったり、自分自身で嫌になってしまうような醜いことばかり。

田村　座禅をしたときの最初は、どうやら誰しも、そういう嫌な心がどんどん浮かんでくるようですね。

田口　それを二時間くらいやると、「今日はこのくらいにしますか」と師家がおっしゃいます。師家が「どうでしたか」とおっしゃる。私は率直に「浮かんでくる心を見つめていると、嫌になってしまいます」と答えました。すると師家は、「そういう心も、よく見てください」とおっしゃる。そのような状態がしばらく続きました。

醜い心ばかりが現われるので「嫌だな」と思うのですが、そこで止まったらそれきりですし、この先、どうなるのだろうという興味もあるので、座禅を続けました。

すると三カ月から四カ月くらいたったある日、座禅をしていると、黒雲が垂れ込めている空からパッと一条の光が来るような感じがしました。美しい青空がパッと光る。「あの光は何なんだろう」と思っていると、師家が「今日はこのくらいにしましょうか」とおっしゃいます。私は「今日は、いつもと少し違って光が差した感じがしたので、もう少し瞑想しようかと思います」というと、「いや、無理をしないほうがいいのです」というお答えでした。

それからさらに三カ月くらいすると、瞑想中に感じる光の分量が大きくなってきます。自分自身としても心地よいので、また座禅に行く。その繰り返しになりました。

さらにしばらくすると、以前の瞑想では「自分は汚らしい、嫌な人間だ」と思わずにはおれない心ばかりが浮かび上がってきたのに、いつの間にか「自分には、こんな純粋で清らかな心があるのか」と思える心が浮かび上がってきていることに気づきました。そういう清らかな心が増えてくると、とても喜ばしく、「自分も、まんざらではない」と思えるようになっていきます。

十年を超えたくらいで、体中が光に包まれたような感じを覚えるようになりました。師家にそう伝えると、「いよいよ来ましたね。辛抱してずっとやっていれば大丈夫ですよ」という答えです。

そしてある日、瞑想をしていると、紫色の光に全身が包まれたような感じになりました。そのとき、なぜ涙が流れるかわからないのですが、感涙がどんどん溢れ出てきます。ありがたい気持ち、幸福感で胸がいっぱいになりました。すると師家が「田口さん、おめでとうございます。ここまで来ればいいんじゃないですか。いまの感覚を忘れないようにしてください」といってくださいました。

もちろん、これが悟りかどうかはわかりません。一度、そういう体験をしたからといって、ずっと同じ状態が続くわけでもなく、そのあと家で瞑想をしていると、嫌らしい思いが出てきたりもする。その繰り返しです。

ただ、何か苦しいことがあったときに、紫の光に包まれて感涙したそのときの感情が湧き起こると、不思議と解決策が出てくるのです。

「道理に通じたこと」ができるからこそうまくいく

田村　興味深いご体験ですね。それが「悟りの境地」というものなのでしょうか。

私の場合は、とても及びもつきません。ですが、高知支店勤務以降、不思議なことに長期間にわたって、次から次へと幸運が続いたのです。

そのときに、表現は難しいのですが、いってみれば宇宙からの力というか、そうとしかいえない大きな力に後押しされているように感じました。「何かの力に後押しされて自分がここにいる」と感じ、深い幸福感や充実感のようなものがあったのです。

田口　幸運が続いたとおっしゃいましたが、人間はある領域に達すると、普遍的な力を得るのです。名人とか達人と呼ばれている人は、まさに、その領域に達した方々です。この状態を言い表わすのに、色々な表現の仕方があります。「運がいい」と感じることもある。

田村　「直観力が働くようになった」という言い方もできますね。

田口　運とか、直観というのは、目に見えないものだけれども、瞬間的に感じる。それを感じると、うまくいくに決まっているのです。

なぜかといえば、「道理に通じている」からです。「道理に通じている」というのは、多くの人が正しいと思うことです。「悟り」といっても、神がかってうまくいくのではありません。「道理に通じている」からうまくいくのです。

名人の域に達した人は、何が起きているのか、何が正しいのかが直観的にわかる。それゆえ、「道理に通じたこと」をすることができる。多くの人が正しいと思うことをするのですから、うまくいくわけです。

田村　私は高知支店以降、キリンビールを退職するまでに、打つ手、打つ手が全部当たったような、幸運とはいいきれないような不思議な感覚を覚えることもありました。いまご指摘があったように「道理に通じた」ということなのでしょうか。

田口　そのような状態が「悟り」なのだと考えると、悟りというもののイメージがつかみやすくなるのではないでしょうか。

これまでの章で、「型を習得してから、次に心を無にすると、包括的直観力が働くようになる」「とにかくたくさん回って『現場の基礎体力』を高めると、得意先の顔を見ただけで、何を考えているのか直観的にわかるようになる」などといったことを論じてきましたが、これらもある種の「悟り」だといえるでしょう。それだけの深い境地に達しているのだと考えられます。

「仕事を通じた悟り」と「欲望」「煩悩」

田村　たしかに、「仕事で経験を積み、仕事を通じて悟りを開ける」といわれると、そうかもしれないと思うのですが、しかし一方で、いまの自分はというと、日常生活ではいまだに煩悩《ぼんのう》の塊《かたまり》です。

うまいものは食いたい、いい酒は飲みたいなどなど欲ばかりの毎日で、悟りとは正反対の場所にいる。一方、仕事では純粋にお客様のことを考えてやれていた。この二つの自分が、同じ人間のなかに同居するというのは、いったいどういうことでしょうか。

田口　全然、不思議ではありません。東洋思想では、人間も動物だから、他の動物とまったく同じように、本能や欲望を持っていると考えます。しかし、他の動物と一点だけ違うところがある、それが理性です。本能と欲望がアクセルだとすれば、人間だけは、理性というブレーキを持っている。

この理性は何からできているか。それは、精神と意識と霊魂からできていると、何千年にもわたって考えられてきました。つまり、人間を磨くというのは精神、意識、霊魂を磨くことなのです。

人間ならではの精神や意識を磨くと、人格は高められていきます。しかし人間である以上、欲望や本能は持っている。

田村　つまり、「理性」の部分と「欲望や本能」の部分とは、わけて考えておいたほうがいい、ということですね。

田口　実は中国古典では、欲望や本能をとても大切なものだとしています。なぜなら、欲望がなかったら、世の中まったく進歩しません。また「意欲」や「自己向上欲」など、良い欲望もたくさんある。だから欲を否定しないのです。

問題にするのは、欲をいかにセーブし、いかにより良く高めていけるか、です。

セールスで成績を上げようというのは、要するに「自己向上欲」の一つであって、それだけで考えたら、けっして悪い欲望ではありません。むしろ、今回、本書で話してきたように「より良い人間にならなければ、成績は上がらない」のだとすれば、人間として良くなりたいという欲望が働くようになるでしょう。いわば、欲望や本能がなくなるのではなく、良い欲望に変わっていくのです。

さらに加えて、人格が向上して理性が高められていけば、欲望や本能へのブレーキにも拍車がかかる。とすれば、欲望や本能がなくならないとしても、それを十分にセーブできる人間になっていける可能性が高まっていきます。

サラリーマンには「自活力」がいちばん重要

田口　もう一つ、本書のなかで繰り返し語られてきた重要なメッセージが、「自分の足で立つ」ということでした。「自分の足で立つ」とは、生きる目的を持つことです。東洋思想でいうと、「天命」ということになる。
天命を知ると「自利＝利他」になります。禅寺の禅僧が、なぜ悟りを求めるかといえば、衆生を救うためです。自分自身が迷っているようでは衆生は救えない。だからこそ、早く悟りたいわけです。自分のために「悟る」のではなく、衆生を救うために「悟る」。悟ってからが本番なのです。

難しい言葉になりますが、仏教的にいうと、「自利＝利他」になる究極の境地は「主客非分離」ということです。どちらが主人で、どちらが客かという分離がなくなる。この一体感が肝なのです。「主客非分離」の境地に達すると、つまりは他人のためにやることが自分のためにやることと等しくなるわけですから、つらいという気持ちがなくなってくる。やればやるほど励みになる。田村さんも含めて高知支店の人は、「主客非分離」になっていたのではないでしょうか。

田村　たしかにメンバーたちは、「お客様の喜びは自分の喜び」「自分がキリンビール」という境地に達していたように思います。

田口　田村さんは、「自立」という言葉を使われましたけど、私は「自活」と呼んでいます。自分で生きていく、自分で生活していく力です。

営業の仕事をしている方々のなかでも、「自活力」がある人と、ない人は、大きくわかれます。田村さんや、田村さんの部下の多くの方々は自活力を身につけたはずです。他の業界に転職しても、うまくいったと思いますよ。それは、本質をつかんだからです。

田村　たしかに、どこでもメンバーたちは、どんな困難があっても自分たちで乗り越える集団になっていきました。

私は退職してみてわかりましたが、現役のときのスタンスを、退職後もみんな引きずっているような気がします。

先日、ある大手企業のＯＢの方に話を聞いたのですが、ＯＢ会に出ると、八割くらいの人が「俺は恵まれていなかった。もっと偉くなれたはずだ」と愚痴をいわれるらしい。これが誰かに依存して生きてきた日本のサラリーマンの悲しい現実かもしれません。いかに日々の仕事で自立する姿勢が大切か、ということだと思いました。

田口　日々の仕事が人間の成長、人間の向上につながっているかどうかということなのです。仕事で人間性が向上した人は、六十歳過ぎてからも、愉快な人生を送れます。

愉快な人生とは何かというと、尊重、尊敬されることです。歳をとってから、どこへ行っても「ああ、よく来ていただいた」といわれるのと、どこへ行っても「なんで、ここに来たの」と思われるのでは、全然違う。その違いは、立派な人間になっているかどうかです。

「人のため」と思うと、頑張れる

田口　人間は自分のためには頑張れない。人のためだと思うと頑張れるものです。作家の林芙美子さんが、次のような詩を書いています。

朝の愁歌

朝早く起きて庭を眺めていると
私には何もなかったことが判る
草露がこんなにきれいだ
家族の寝息も沓かな消息をきくようだ
蹲踞《しゃが》んで濡れた土を見ていると
見たこともない虫が歩いている

静かな朝もやのなかで
私に沢山与えられているのは空気ばかりだ
爽かな息を吸い茄子色の空を見る
空には何もないけれど、何かあの向うにはある
生きていればその何かがやがて見えよう

（後略）

（『現代詩文庫 1026 林芙美子詩集』思潮社）

家族の寝息を聞くことで、この人たちのために頑張らなければならないと思って意欲が湧いてくる。何でもない草露や見たことがない虫にも、心が動かされる。空の向こうには何かがある、生きていればその何かが見えてくるだろう。そう思って、新しくやってきた朝に決然と向かっていく――。私はこの詩を読むと、そのような美しい心の動きが、まっすぐに伝わってくるように感じます。

家族の寝顔を見て頑張るというのは、生命論でもあるし、利他の話につながります。誰か

のために働いているという意味づけは、人間にとってとても大きなものをもたらします。家族のため、お客様のため、ファンのためというのは、みんなそうですね。

田村　なぜか、わからないけれども、人のためと思うほうが頑張れる。人間とは、そういうものなのでしょうね。

田口　東洋思想で「利他」が強調されているのは、そこなのです。他人のためだと思えば頑張れるけれども、自分のためにやっていると限界がある。人間は、お父さんのため、お母さんのため、妻や夫のため、子供のため、恩義ある人のためと思うと、とことんまで頑張れるのです。ところが、自分の快楽のためだと、死ぬほど頑張ることはできない。快楽のために命は賭けられないのです。

田村　高知支店のメンバーも「お客様のため」だと思ったから、頑張れた。自分のためだったら、あんなにたくさんの店を回ることはできません。お客様のために、全部の店を回らなければいけないと思ったから、回ることができた。

よく日本のスポーツ選手は「個人競技で勝つよりも、リレーなどの団体戦で勝つほうが一〇〇倍嬉しい」などという言葉を口にします。また、一人でやったときのタイムより、リレーなど団体競技のときのほうが自分のベストタイムになることもあるそうです。これは不思議ですが、「みんなのため」と思うと、持っている潜在能力を出し切れるからでしょう。

メダリストは、「応援してくれる人がこんなにいたから頑張れた」とか「サポートしてくれた人のおかげで、自分の何倍もの力が出た」「日の丸を背負っているから、やり抜けた」などと感謝をおっしゃる人ばかりですね。「誰かのため」にやることで、持っている潜在能力が一気に開花する。ここに日本人らしさ、日本人の強さがあるのではないでしょうか。

人のためだと思うと、ものすごいパワーが出て、勝利とともに幸福感を手にすることができる。アスリートだけでなく、私たちビジネスマンも同じなのです。

有名な遺伝学者である村上和雄さんが、誰かのために一生懸命にやっていると、良い遺伝子がスイッチオンするという趣旨のことをおっしゃっていました。悪い遺伝子がスイッチオフになって、良い遺伝子がスイッチオンになる。

これが「禅」の悟りの境地のようなものにつながっているのではないでしょうか。人のためを思って仕事をするうちに、明らかに良い人間になって、禅と同じような効果が出てくる。誠意やまごころ、献身など、そういうものが、その人に出てくる。感謝の気持ちが湧いてくる。人間の持っている良きものが、仕事を通じて出てくるのだろうと思います。

田口　「営業をやってつらい」などという気持ちでやっているのとはまったく違う「悟り」のようなものに至る。

田村　座禅を組まなくても、目の前の仕事を通じて、東洋思想の生き方を実現できるということですね。たいへんな得をしますね。

田口　そうです。そういう意味では、本書は「営業」の本ではなくて、「新しい禅」の本といってもいいかもしれません。

なぜ「利他」の行為をしてこそ、自分自身が見えてくるのか

田村　私は不思議に思うことがあるのです。よく「自分探し」といいますね。自分は何者かを探す。しかし、自分のやりたいことだけやっていても、「自分が何者か」なんて、なかなかわかるものではないような気がするのです。

しかし、お客様のために尽くしたり、ややオーバーですが自己犠牲を厭《いと》わずに仕事をした

りしていると、不思議とその人間が個性的に、明らかにその人らしくなっていきました。その人本来の良さが出てくる。これはなぜなのでしょう。

田口　それこそ「客観性」ではないでしょうか。「誰かのため、他者のため」と考えれば考えるほど、客観的になるのです。

客観性を持って、視野が広くなるから、自分がわかる。さらにいえば、「誰かのために尽くす」ということは、いってみれば「他人を通して自分を見る」ことでもあるわけです。これはつまり、客観的に自分を見ていることにほかなりません。

しかも、そのときに、もし自分に何らかの思惑があって他者を喜ばせているとすると、たとえ相手がわからなくても、自分自身には「私って、なんて嫌な奴だろう」と見えている。しかし、純粋に「相手のため」にやっていると、「こんなに喜んでいただいているということは、私にもいいところがあるんだ」と、自分の良い点が見えてくる。人間性のすごさが、自分にもあることが見えてくる。これは自分自身にとって、とてつもなく嬉しいことです。その喜びが、さらに自分自身を成長させることにもなります。

田村　喜び感動してくださっている相手を見て、それが自分に返ってくることは、間違いなくありますね。それが、「自己実現」にもつながっていったのですね。

田口　しかも、その感動の内容については、自分自身がいちばんよくわかっているわけですよね。だから自分の心に照らして考えれば「もっとまごころを込めてやらなければいけない」ということも、すぐにわかる。そうしているうちに、自分が磨かれていくのです。

田村　たしかにそうですね。相手にすごく喜んでいただいているのですが、心のどこかで「もう少し、こんなこともやればよかった」「自分にはまだまだやれる」などと思っていることもありますね。

田口　それこそ、客観性の最たるものといえるでしょう。だから、人間が生きていくうえにおいて、集団が重要なのです。家族、学校、会社、そのような集団のなかで生きていて初めて、自分自身がわかり、自分自身が磨かれるのですから。

苦労は、天が期待しているから与える

田口　本当の営業とは、お客様のためを考えて、考え抜いて、行動に移していく「利他」

の行為であることが、本書を通してよくわかってきたように感じます。そうやって「道」を究めていくから、修行になる。

田村　だとしたら、ありがたいことですね。給料をいただいたうえに、お客様に喜んでいただけて、さらに楽しく修行までできる。

田口　でも、それは、田村さんがビールが売れなくて苦労して、苦しんで、考え抜いたから到達できた境地です。売れて売れて困るような、環境のいいところにいる人間だったら、そのような問題意識を持つこともなかったかもしれません。環境がいいと、人間は怠惰になって工夫をしなくなる。楽して生きられると、本質的なところに目がいかなくなる。苦しい時期があるからこそ、本質に目を向けることができるのです。

中国の名高い史書である『史記』を読み、登場人物たちの生き方に想いを馳《は》せていると、やはり人生そのものが修行なのだと、しみじみ痛感されます。読んでいてよくわかるのは、苦しい状況、厳しい状況に追い込まれている人ほど、天意を得ている。逆にいえば、人生のなかで厳しい状況に追い込まれるのは、天意がその人に期待していることなのです。

田村さんがご苦労されたのも、天意が田村さんに期待していたからです。本当は、ご苦労されている真っ最中に、そういう言葉を差しあげたかったですが。

田村　修行は、つらいイメージですが、思い返してみると、全然つらくなかったですね。メンバーたちもそうだと思います。

田口　それは、「苦も楽のうち」というものです。苦労の真っ最中には苦しいけれども、そこを脱した瞬間に楽しいことになる。「苦労あっての物種」とよくいうように、苦労というものは人生の必然なのです。そう思って苦労に立ち向かうといいと思います。

田村　メンバーを見ていると、一生懸命にお客様のことを考えてやっていると、だんだん自分が「無」になるような感じでした。「お客様のためだけに」という感覚です。

田口　他人のために働く人は、無になるのです。先日、ある養護施設に自分の生涯を捧げてきた女性にお話をうかがいました。親に捨てられた子供たちを集めて、一生懸命に育てた方ですが、とにかく、自分というものがなくなっているのです。

彼女の言葉が忘れられません。「自分なんかあったら、務められませんよ」。そうおっしゃったのです。

自分がこれを食べたい、これを着たいなどと思っていたら、彼女のような仕事はできないかもしれません。しかし、これは「自分を捨てる」ことではないのです。「自分を解放する」という感じではないでしょうか。自分を解放すると、すべてのものが見えてくる。見えないものまで見えてくる。

田村　なるほど。そうやって人間の素晴らしさが出てくるのですね。いまの日常生活を省みて、私などはとても及びもつきません。

営業が変われば、会社は変わる

田口　営業は、もちろん非常に論理性の高い仕事で、インテリジェンスに溢れた仕事です。しかし、それだけではありません。そこに精神的な部分も加味されます。この世の原理原則、知識、方法、技術、人の心がすべて融合されて成り立っている。こんなにすごい仕事はありません。だから、営業を追求すると、物事の道理に通じて、悟りのようなものが得られて、大きな幸福感を手にすることができるようになるのでしょう。

しかし、多くの営業担当者は、そういう営業の本質を見ないで、ただ数字を追っています。しかも、自分の意志で数字を追っているのではなくて、本社からいわれて、上司からノルマを課せられて、しかたなく数字を追っているだけです。これでは、つらくなるばかり。大きな幸せ感など得られません。

田村　やらされている奴隷のような状態を抜け出して、自分の足で立つと決める。自分の「心の置き場」を変える。そうすると、営業というものが、まったく違ったものになってきます。

田口　私は、企業経営には、もっと精神的な部分があったほうがいいと思う。そうでなければ「儲けて終わり」になってしまいます。経営が貧相なものになって、つまらない。人間の文化性や教養などを豊かにする土壌が、企業経営にはなければいけません。

では、それを実現できる部門はどこかというと、営業なのです。営業というのは、まさに「総合的な仕事」だから。そして数字がついてくるからです。営業が変われば、会社の土壌も変わっていく。

それを証明したのが田村さんたちです。しかも、田村さんたちは、高知の小さな支店から立ちあがって、会社全体を変えていった。キリンのような大所帯でもできたのですから、どこの会社でもできますよ。「本社がダメ」「うちの経営者がわかっていない」というのではなく、まず自分の営業の現場から変えていけばいい。

小さな単位から始めるほうがいい

田口　田村さんは、高知支店から変えていきましたが、高知支店から始めたことは、実は、東洋思想の道理にかなっています。第二章で、「修身、斉家、治国、平天下」の話をしました。「平天下」のためには国が治まっていないといけない。国が治まるためには、一つひとつの家庭が整っていないといけない。家庭が整うには一人ひとりの身が修まっていないといけない。つまり、すべては「修身」から始まるのです。

企業の場合は、一人ひとりの社員の身が修まっていないと、上の単位のものは良くならない。田村さんは、そこに気がついたというか、行き着いたのです。それは、高知支店が一二人の少人数だったから良かった。一二人というのは、一人ひとりの名前はもちろんいえるでしょうし、誰がどういう人か全部わかる。

田村　「個」としてメンバーを見ることができました。

田口　そこがとても重要なところで、田村さんの成功の理由の一つは、個別に対応されたことなのです。さらにいえば、田村さんの言葉はメンバーの心に突き刺さるものがあった。ただ、ニュースを読み上げるような感じではなく、心と心の交流があった。

しかし多くの場合、部下からすると、上司が自分の人格を本当に認めてくれているかどうかわからないと感じるものです。

田村　本社からいわれたことを部下にやらせることが仕事だと思って、部下を道具のように見ている上司の下につくと、そうなってしまいますね。

田口　道具としてしか見ていない上司の下では、とてもではありませんが、部下は「修身」などできません。自分の人格を本当に認めてくれている上司、自分の気配をしっかり感じてくれている上司の下であれば、営業部門のメンバーの「修身」が確立していく。

「修身」というのは、正しい心を共有化することです。

正しい心で活動しているから、業績がものすごく上がる。あとは同じことを繰り返して、単位を大きくしていけばいい。一人から始まって、家、国、社会になっていく「修身、斉家、治国、平天下」と同じ論理です。

田村　一人ひとりの人格を認めるのは、私だけではなく、メンバー同士がやっていました。たとえば、新入社員がいて、ちょっと元気がないと、すぐ隣にいた人間が「どうした?」といって飲みに行って話を聞いていました。高知の方々に幸せになっていただくには、みんなが元気でなければいけない。若い社員が元気がなかったら、高知の人に迷惑がかかってしまうかもしれない。だから、自分の問題として彼を元気づけないといけないと思って、やっていました。

田口　その先輩社員は、当事者意識があったのです。当事者意識とは「万物はみんな自分の関係者、自分の身内」という意識です。

もっというと、「自分ばかりではなく、他の人間、他の生きとし生けるものをいつも念頭に置いて、万物が正しく生きられるように深く思いやる」という論法です。第二章で「格物」の話を紹介しましたが、まさにそれです。隣の新入社員も、高知の人も「万物」です。「万物が正しく生きられる」ように自分が思いやる。この世で起こっていることはすべて自分に関係がある。そう考えられるのが当事者意識です。

理念をめざせば、めざすべき高みは限りない

田口　人間の半分は「精神性」です。しかしいま、世にいわれる営業戦略の多くは、ノウハウは語っていても、「精神性」はあまり感じられない。ところが、田村さんは、精神とセールスを結びつけた。だからこそ、うまくいった。そこがすごいところだと思います。

田村　意図したのではなく、結果として結びつきました。たしかに「精神」に立脚したからこそ普遍性があったのかもしれません。高知、高松、名古屋、本社と、どこに行っても業績を反転させて上向かせることができた基盤は、振り返ってみると同じ「精神」なのです。

その「精神」は何かといえば、理念に向かって挑戦して、前に進みつづける「精神」でした。これを字面《じづら》でなく、感覚として持てたのです。「自分たちで必ず実現するんだ」という自立自存の精神です。この精神が確立されたので、その上に乗っている心が安定したのだと思います。それまでは、不安な気持ちがメンバーにも常にありました。何かあると泳いでいたメンバーの眼が、強い眼差しに変わっていたのです。

田口　では、どうしたらその精神を確立することができると思われますか。

田村　ほとんどの営業担当者は、「やらされ感」があるのではないでしょうか。だから考えなくなっている。どこかみんな他人事です。「今年頑張っても、翌年はもっと高い目標が来るから」などという不満さえ出てくる。

そうなってしまうのも、ある意味では当然で、トップは企業業績を上げるべく、対前年比何割増という目標を立てる。それが、そのまま下りてくると、部下は先が見えず、やる気をなくしてしまう。そうしたなかで、自分の運命は自分で決めるのだと自立する精神を確立していくために、やはり「理念」が重要だと私は思います。

実は、高知支店がトップを奪回したときは、感慨はありましたが、誰もそれほど嬉しくなかった。なぜなら、大事なのは高知県民一〇〇%にキリンをお飲みいただくことであって、トップ奪回はあくまで、そこに至る一里塚でしかないと考えていたからです。私が異動して二代後の支店長のとき、高知県ではキリンビールのシェアが六割を超えてしまいました。全国でキリンのシェアの平均が、四割弱という状況下においてです。しかし、それでも高知支店のメンバーは嬉しくないといっていたそうです。「一〇〇%まで、残り四〇%もある」というのです。

普通、多少なりとも無理をして頑張った翌年は、反動で売り上げも下がってしまいがちです。では、なぜキリンビール高知支店は、そうならなかったのか。

ずっと勝ちつづけていけたのは、理念の実現をめざしていたからです。理念と現実のギャップを埋めようと考えるから、めざす高みは際限なく、イノベーションがいくらでも起きてくる。一人ひとりのチームの個別判断も的確なものになっていきます。

田口　宮本武蔵など昔の剣豪もみんな、「限りがない」といっています。剣聖の道に到達点はない。剣の道ばかりでなく、茶道も華道も商人道も、「道」の高みは限りがない。

逆にいえば、いつも修行しているところに喜びがある。そういう意味で、終わりがなくなるのです。

なぜ「精神」が実績を向上させるのか

田村　自分の足で立つためには、土台がなければなりません。キリンビール高知支店にとっては、その土台がキリンビールの理念であったわけです。ひたすらいい品質のビールをつくりお客様に喜んでいただく。その理念を自分たちのアイデンティティとして、高知の方々にぶつけていく。それが依るべき土台になりました。それによって、「自分がやるのだ。自分がどうしたらいいのか考えつづけるのだ」という覚悟を持てたのが良かった。

私やメンバーの言葉が高知の方々に伝わったのも、その言葉にそうした「精神」が宿っていたからではないかと思うのです。

田口　東洋思想で考えていくと、田村さんのいまのお話はすべて符合します。先にも述べたとおり、人間も動物ですから、本能と欲望は持っているわけです。しかし、人間しか持ってないものがある。それが理性であり、理性とは精神、意識、霊魂だと考えられてきた。人間を磨くというのは、欲望や本能を磨くことではなく、精神や意識を磨くことなのです。

ということは、田村さんが「精神」というものに一体化した瞬間に、田村さんの意識は人間の「根本」に行き着いたのです。手練手管の様々なセールス戦略が、樹木でいえば「枝葉」であるとすれば、田村さんが行き着いた精神は「根っこ」に当たります。人間の根本的なところにタッチしたからこそ、欲得ありきの営業戦略とは違って、みんなが人間ならではの意義に気づき、人間性に燃え、発奮した。いわば「人間」ならではの力が発現したのです。

「帰一《きいつ》」という言葉があります。異なった別々の事柄が、同一のものに帰着していくことですが、これは要するに「根っこ」の姿です。セールスは、とかく枝葉へ行きがちです。様々なノウハウや手練手管もあり、それに頼ろうとしてしまう。しかし、枝葉だけでやっていると、すぐにうまくいかなくなる。

ところが田村さんは「根っこ」に行き着いた。根っこは大本の根幹であり、全部に通用するのです。

田村　あまりにも売れなくなったので、根っこに行かざるをえなくなったのです。あの状況だと、枝葉をやってもうまくいかないということぐらいは誰でもわかります。しかし、口では「根っこ」といっても、これがなかなか難しい。なにしろ、八〇万人の高知県民の心を変えるという、それまで考えたこともないことに向きあわざるをえなくなったわけです。

田口　そこで田村さんは、「根っこ」を求めるために、顧客に聞きに行きましたね。それが、とても意味深いことだったのではないでしょうか。それまでは自分、あるいは自社に目が向いていたのが、ようやく顧客に対して目が向きだした。

田村　会社にとっての価値を、お客様にとっての価値に表現し直して、伝えていったということでしょうか。お客様に喜んでもらおう、理解してもらおうとしているうちに、お客様の喜びが自分の喜びになった。それまでは自分本位だったものが、あるときから、自分本位のバイアスが完全になくなった。自分のためではなく、純粋にお客様のためにやっていくようになった。

そこから、三つのコンセプトが現われてきました。「お客様の満足のために活動すること」「生産性を高めること」そして「戦いには絶対勝つこと」です。なぜなら、生産性を上げないと継続してお客様の満足を高めることができません。だから、あらゆる無駄を省いて、より効率的にお客様に接近していこうと考えるようになる。また、ライバルとの戦いに負けると、キリンビールをお客様にお届けすることができなくなりますから、キリンファンのお客様のためにはならない。決めたことはやり切る。負けは許されないという文化ができてきて、実際に勝ちだすようになった。そこで完全に市場の潮目が変わってきました。三つのコンセプトがメンバーの頭のなかで一体として意識されていたと思います。

田口　やはり自分たちの儲けのため、利益のためというのは、自分たちの欲望の世界の話でしかありません。一方、利他、つまり本当にお客様のためとなった瞬間に、自分の欲望の世界の話ではなくなる。他の人を喜ばせようとか、他の人のためになどということを追求すると、どんどん欲望から離れて、精神の世界へ入っていく。そこで初めて、真に人間らしい会話が成り立ってくる。だからこそ、みんなが「それはそうだ」と共感する。売り手と買い手の話ではなく、人間と人間の会話になってくる。

田村　だから共感する人がどんどん増えていって、お客様も口コミでキリンの良さを訴えてくださるようになったということですね。

田口　「口コミがすごい」というのは、人間の精神的な部分が波動を起こすからです。「共鳴・共感の輪」がどんどん広がっていくのは、儲けとか、自利の世界ではないからです。

とにかくたくさん回る「身体的思考」で得られるもの

田村　私は平凡なサラリーマンでしたから、今回の話で出てきた「利他の心」といった言葉自体、知りませんでしたし、「精神」という言葉も使ったことがありませんでした。会社で「精神」などというと、あいつは「精神主義＝無能」だといわれてしまいますから。

ただ、なぜそんな私たちが「利他の心」を持てたかというと、やはり現場だと思うのです。現場でお客様からそのような「精神」をいただいたのではないだろうか。こちらが頑張った結果、お客様がこんなに喜んでくれた。それがこちらも嬉しくて、もっと喜んでもらおうと思い、そのためにさらに工夫をし、効率化もしていく。その積み重ねで、あるときに「利他」に入っていったのではないでしょうか。

田口　序章でもお話ししましたが、「生命が喜ぶ」というのが、人間としての最高の境地です。田村さんたちは、利他の心に目覚めて、そして生命が喜ぶ活動に入っていったわけですね。「生命が喜ぶ」のはどんなときかといえば、とにかく没頭、没入しているときです。田村さんのメンバーたちは「とにかくたくさん回る」ことを心がけられた。そして、たくさん回ると、身体で考えられるようになったとおっしゃる。これはそれだけ没頭、没入されたということでもありますね。

田村　身体の細胞でキャッチし、身体の細胞で反応している感じがするのです。たくさん回った営業のメンバーたちが、同じようなことを語っていました。

田口　思考法には「頭脳的思考」と「身体的思考」とがあります。日本人は伝統的に、身体的思考を大事にしてきました。何遍も何遍もやることが大切だとされる。江戸時代の子供は、百字百回といわれました。何でも百字百回読むと入ってくる。頭に入ってくるのではなくて、身体に入ってくる。素読もそうです。たとえ意味がわからなくても、子供のうちに『論語』などの漢籍を繰り返しひたすら読んで、身体に染み込ませる。そうすると、年月を経るうちに、意味が自ずとわかるようになり、身体で理解できるようになる。

剣道でも野球でも、素振りなどを何千回、何万回とやって身体が習得して初めてあるレベルまでいく。思考にはそういうものがある。だから数というのは、すごく重要なのです。

お坊さんの修行では、たとえば般若心経を毎日、毎日、三十年間ぐらい読みつづける。私が知っているお坊さんはみんな、長い年月ずっと経典を読みつづけて、初めて経典の意味を体得したように感じた瞬間があったとおっしゃいます。「あれが一つのポイントだった」という。そういうことが人間にはあるのです。

「宇宙からの力に後押しされている感覚」とは何か？

田村 「精神」について話してきましたが、精神をもっとわかりやすくいったら、どのような言葉になると思いますか。

田口 もちろん、色々な答えがありえるでしょう。ただ、私は「自分のあるべき姿」ではないかと思います。「こういう人間になりたい」、あるいは「こういう心持ちになりたい」「こういう境地になりたい」などのように、めざすべき姿を心に強く思っている。そういうものが「精神」だといえるのではないでしょうか。

田村 なるほど、自分が何者であって、何をめざすのかということですね。それを定義しなければいけない。そうでないと不安定になってしまう。

どの会社であれ、世の中に必要とされるからあるわけで、自分の会社が存在する意味を、まず考えるということになるのでしょうね。私の場合であれば、キリンビールは何者なのか、そこを追求して定義して、それ以外のものは排除していく。自分たちにある「いいもの」をシンプルに、明確にして、それを武器に現実に挑戦していく。それを社長ではなく、自分自身がやるのだ、という気概が大切ですね。

その精神がありさえすれば、知恵や行動力がどんどん出てきて、困難も乗り越えられます。それだけ人間の潜在能力は大きいと思います。

田口　もっといえば、「なぜ生きているか」ということになるのです。自分の役割や使命というのがある。それは、天命といってもいいでしょう。天命に応えるということは、中国古典においては必須のことです。

天命を見失わなければ、生きている意味が、いつも判然とする。「ああ、このために私は生きている」と思える。たとえば、お客様から「いやあ、キリンさん、ありがとう。うまかったよ」とおっしゃっていただく。このセリフのために自分は生きている、と思えるかどうかではないでしょうか。

田村　おっしゃるとおりですね。ただ、どこの会社でも売り上げ、利益計画を各部門や各支店に分解して下ろしてきて、達成率を評価する。「会社の上からの指示を達成できれば、ハッピーな世界が待っていますよ」という価値観です。

そのような現在の経営スタイルと、「利他の心」をどう嚙みあわせるか。この両者にどのようにブリッジを架けるのか。それを自分自身のなかで考えつづける必要があります。

もちろん、どんな企業でも、お客様にご支持いただかなければ生き残れません。ですから、「お客様の満足を最大化していく」という目標は必ず成り立ちます。これは企業人であれば否定できない目標ですから、上から目標や施策が下りてきたときに、その上からの指示を「お客様の満足の最大化」を実現するための手段として活用するくらいの肚《はら》を固める。自分自身が実現するのだという覚悟を決める。そういうことではないでしょうか。

そのように心の置き場を変えることは、組織の一員としては、たしかに難しいことだと思いますが、常にそういう意識を持っていれば、日々の仕事のなかで気づきも出てきます。必ずあるときに、「そうか、こういうことか。こうすればいいのだ」と「見える」瞬間が来ます。

自分自身が主役になるのですから真剣度も違い、お客様に与える印象もまったく違ったものになる。お客様に、「ああ、この人は売らんがためではなく、本当に私たちのためにやってくれているのだ」と思っていただければ、お客様に共感していただける。

すると、今度はお客様が示してくださった共感に対して、セールスしている側は喜びを覚える。「お客様に、こんなに喜んでいただけたのならば、もっと頑張ろう」という気持ちになる。その関係性がどんどん高まって、「利他の心」が出てくるのではないでしょうか。

こうなれば、働くことが楽しくてしかたがなくなる。遊ぶより仕事が楽しいという感じになっていきました。

田口　それを東洋思想流にいうと、「宇宙の法《のり》」に則《のっと》っているということです。「宇宙の哲理」といってもよいでしょう。

この宇宙には「法則」や「規則」のようなものがあると、東洋思想では考える。それを意識して仕事をしたり、暮らしたり、生きていくことが重要だと考えるのです。たとえば、現在の国家の「法」で許されても、宇宙の「法」で許されるのかを考える。言葉を変えれば、「道理」にかなうかどうかです。

別の言い方でいえば、江戸時代から明治くらいまでは、「お天道様《てんとうさま》が見ている」という言葉がありました。たとえ誰も見ていなかったとしても、お天道様は見ている。すべてお見通しだ。それに対して、自分は恥ずかしくない行ないをしているか、という感覚です。

いま田村さんがおっしゃっている会社内での「心の置き方」は、要するに、だんだん宇宙の「法」の世界へ入っていくものではないでしょうか。

田村　感覚的に感じるのです。やっているうちに、本当にうまくいきだす。自分のためではなく、誰かのためにやっていると、宇宙からの大きな温かい力に後押しされているように感じる。講演で話していると、ときどき「実は私も同じ体験をしました」という方がいらっしゃいます。ですから、実際にあるのだと思います。

この苦しさの先に「悟り」が生まれ、幸せになる

田口　田村さんは、営業の仕事を通じて、たくさんの方々にお会いになり、だからこそ大切なものを体得されて、根本に行き着いた。

根本に行き着いたわけですから、田村さんの場合、「営業道」をやってきたといってもいいと思います。営業を追求して「営業道」を歩み、根本に行き着いたんだと思います。

田村　四面楚歌《しめんそか》で追い詰められたので、根本を考えざるをえなかっただけです。偉そうな

ことばかり申しあげてきましたが、みんな後付けの話なのです。

田口　追い詰められて苦しい経験をしたから、どんどん深掘りしていった。それが良かったのです。暗い道をどんどん暗いほうへ歩んでいって、究極の光を見つけた。極点にタッチしたのです。だから、田村さんがおっしゃっていることは、単なる営業の話ではなく、人生全般に通じる普遍的なこと。人生論になっている。

私は、若いころに宇宙飛行士のラッセル・シュウェイカートさんと対談したことがあります。ＭＩＴの博士で、宇宙工学の大家です。科学技術の人ですが、宇宙から帰ってきて、「ほとんどの宇宙飛行士は宗教家になる」とおっしゃっていました。彼らは、宇宙空間という極限の空間で、この世の極点にタッチしたので「悟り」を得たのです。物理的に自分の肉体を地球の外に、天に自分の肉体を置いたから、「直観的なひらめき」がものすごくなった。シュウェイカートさんはそうおっしゃっていました。ある意味では、修行して悟りに至る宗教家とまったく同じ体験だともいうことができます。

田村　「宇宙飛行士が宗教家になる」という話は、私も聞いたことがあります。たしかに宇宙飛行士は、天から地球を見るという極限の体験をするわけですから、宇宙の意志のようなものを身体で感じたのかもしれませんね。

しかし、日本人は自分のいまの仕事を突きつめていくことが修行になり、悟りに行き着くことができると考えてきたわけですね。宇宙飛行士の体験も、営業の仕事で歩んできた道も、いずれも等しく悟りに至る道。そう考えると、とても興味深いです。

もし、いま目前の日々が苦しいものであったとしても、「お客様のために」という根本の精神を持つこと。それにより心が安定します。いまは第四次産業革命といわれる変化が激しい時代です。しかし、変化の前に立ちすくむことなく、変化をチャンスと捉える立場を手に入れることができる。そのことを、私も本書の対談を通じて学ばせていただきました。

私が申しあげることができるのは、営業という仕事は、たしかに苦しい修行のような部分もあるが、突き抜ければ、とてつもない幸せに到達できる道であり、皆さんの目の前にチャンスがあるということです。

最初の一歩を踏み出し、偉大なことを成し遂げる力

田村　実は、講演会などでお話しすると、「お話はよくわかったのですが、最初の一歩が踏み出せないのです」というご意見をいただくことも多くあります。私も、その問いへの答えはなかなか見出せなかったのですが、今回、対談させていただいて、少し見えてきたように思いました。

まず、最初の一歩を踏み出すのに必要なのは少しの勇気です。では、それをどのようにして手に入れるのか。営業の仕事をしている方々の場合は、まず「現場をよく回って、真摯にお客様にお話を聞き、よく見る」。一方、「全体観」を養い高めることです。そうすれば、自分の使命は何かが漠然とイメージされてきます。これが勇気とか覚悟をもたらしてくれるのではないでしょうか。

最初の一歩を踏み出せるかどうか。すべてがここにかかっています。自分の行動により、周囲との関係性が変わり、次なる手を打てるようになります。そうして周囲を巻き込んでい

けるのです。大義があれば、社内外に応援してくださる人が必ず出てくる。そのようなことを本書から、ぜひ読みとっていただけたら幸いです。

田口　佐藤一斎の「一燈《いっとう》を提《さ》げて暗夜を行く。暗夜を憂《うれ》うること勿《なか》れ、只一燈《ただいっとう》を頼め」という言葉を、田村さんも引用されていました。営業の仕事にかぎらず、仕事をし、日々苦闘している身からすれば、まさに先が見えないなか、暗夜を一燈だけを提げて歩いているようなものです。

田村さんのご経験が意義深いのは、暗夜に屹立《きつりつ》する灯台のように、光を投げかけてくれているところです。「こうすれば、営業道という修行の道を歩んで、人生の幸福を手に入れることができる」と指し示してくれていることです。

田村さんは、その境地に達したので、「営業は幸せに至る道だ」とおっしゃることができる。しかし、その境地に達していない方々は、にわかには信じられません。歩みはじめの段階では、私のふつつかな座禅経験のように、醜い心ばかり浮かび出てきて閉口してしまうことも多いでしょう。

それでも、ぜひ灯台の光を遥かに望みつつ、なお、暗夜を一燈を提げてしっかりと歩む。

弛《たゆ》まず歩みつづけていくうちに、必ずや光が広がっていくはずです。

自分のなかにあるものに自信を持って歩んでいただきたいと思います。田村さんもメンバーの方たちも高知支店以前は平均的なサラリーマンだったとおっしゃっていましたが、一人ひとりの人間には、それだけのことを成し遂げる偉大な力があるのです。

「士は当《まさ》に己《おの》れに在《あ》る者を恃《たの》むべし。動天驚地極大《どうてんきょうちきょくだい》の事業も、亦《また》都《す》べて一己《いっこ》より締造《ていぞう》す」

(『言志録』)

あとがき

わが国の思想哲学の真髄との驚くべき共通点

田口佳史

「修行」を絶対的必然として、人間にとって何よりも重視すべきものと確立したのは、道元禅師です。それを自分の領域に導引して、茶の湯を悟りに至る道、つまり「悟るためのもの」として「茶道」としたのが千利休。これで「すべての業務は修行である」という、わが国伝統の「勤労観」がスタートしました。明治の近代化、戦後の復興、ともに奇跡といわれた成果は、この伝統の生み出したものなのです。

それがいま「働き方改革」の勝手極まりない解釈により、この伝統が崩れようとしているのです。大きな問題だと思います。

そうしたときに登場したのが、田村潤氏の『キリンビール高知支店の奇跡』（講談社＋α新書）という名著です。ここで田村さんが語っておられることこそ、日本伝統の勤労観である「修行としての業務」の実践のあらましなのです。

ぜひ一度、田村さんにお目にかかり、その辺りをとくと、うかがってみたいと念願しておりました。なんと、そう念願してほどなく、田村さんが私の主催する東洋思想講座に来られたのです。以来、互いに時間の許すかぎり、対論を続けてきました。

この時間が、なんと豊かな至福の時であったことか。田村さんの発言の一つひとつが、儒教、仏教、道教、禅仏教、神道という、わが国に数世紀にわたって存在しつづけ、深い精神性と鋭い感性によって磨かれつづけた思想哲学の説く教義の真髄に、合致することばかりなのです。伝統の精神文化と、現代社会での商活動が、こんなにも根本的に合致するものかという興奮を感じつつ、やがて出版企画へと発展していきました。

編集者としてＰＨＰ研究所の才人川上達史さんが加わると、対論は一段と凄まじいものとなり、毎回、とびきり上等のゲームを楽しんだかのように、大いなる満足感がうっすらとした疲労とともに押し寄せてきて、何よりの喜びを与えてくれました。

田村潤氏には、心からなる御礼を申しあげるとともに、真理を把握された方の今後の活躍を大いに期待したく思います。

読者の方々がこの本から、幸せになるヒントの一つでも習得されることを、切に祈っております。

あとがき

人生の不思議さ、深遠さ

田村　潤

キリンビール在職中、仕事をやりにくくするような動きが社会から次々と来ることに不思議さを感じていました。会社法をはじめ様々なルールの変更が結果として企業の新たな価値創造を妨げたり、先進国のなかで日本だけデフレが続いていたりすることなどなどです。これらはすべて日本人が起こした結果であるわけですから、結局、日本人の問題となります。

高知支店勤務のとき、キリンビールが苦境に陥ったのは、キリンビールらしさを自分たちが見失ったためでした。キリンビールらしさを定義し、本来持つ強みの強化へ方針を定め直したことが、成功を生んだわけです。

それと同じことと考えていました。すなわち日本人らしさを失ったことが、様々な問題を生み、対症療法を繰り出さざるをえなくなっている。解決方法は、日本人らしさを確立すること。それさえできれば問題は自然に解消していき、当然、キリンビールの業績にプラスに働くと、当時は考えていました。

ところが、日本人らしさといっても、私にとり雲をつかむような話です。会社を退職して時間の余裕もでき、友人から東洋思想の大家である田口佳史先生主催のご講座を紹介され、そして今回の対談の機会に恵まれたわけです。

先生のお話は、まさに私の問題意識への正面からの答えでした。さらには、宇宙のいわば大伽藍《だいがらん》のなかで日々の仕事がある、その関係を明快に示されたときの驚き。日々の仕事が日本伝統思想から意味づけされることにより、過去の一つひとつの記憶がつながり、一体のものとして認識できたことは、私にとり、まさに幸運としかいいようがないものでした。

それにしましても、本書で先生が紹介されている先人たちの言葉の持つ強さです。その言葉に宿る精神です。会社の存在理由、理念やビジョンを自分が実現しようとする精神を持ちつづけること。それにより人生の奥深さに身を置けること。それが日本人らしさであることを学ばせていただきました。

思想、哲学を専門家然と語られるのでなく、ビジネスの現場に落として具体的に教えてくださった田口先生、そして生き生きと躍動する対談のリズムをつくられ表現してくださったPHP新書編集長の川上達史様に心からお礼を申しあげたいと思います。

田口佳史［たぐち・よしふみ］

1942年、東京都生まれ。東洋思想研究家。日本大学芸術学部卒。新進の記録映画監督であった25歳のときにタイ国で重傷を負い、生死の境で「老子」と出合う。以後、中国古典思想研究に従事。1972年、株式会社イメージプラン創業、代表取締役社長を務める。2000社にわたる企業変革指導を行なうほか、１万名を超える社会人教育の実績を持つ。近著に『［新訳］貞観政要』『上に立つ者の度量』（以上、ＰＨＰ研究所）、『横井小楠の人と思想』（致知出版社）、『超訳　論語』（三笠書房）など多数。

田村　潤［たむら・じゅん］

1950年、東京都生まれ。元キリンビール株式会社代表取締役副社長。成城大学経済学部卒。95年に支店長として高知に赴任したのち、四国地区本部長、東海地区本部長を経て、2007年に代表取締役副社長兼営業本部長に就任。全国の営業の指揮を執り、09年、キリンビールのシェアの首位奪回を実現した。11年より100年プランニング代表。近著に『負けグセ社員たちを「戦う集団」に変えるたった１つの方法』（ＰＨＰ研究所）、『キリンビール高知支店の奇跡』（講談社）がある。

人生に奇跡を起こす営業のやり方

PHP新書 1166

二〇一八年十二月二十八日　第一版第一刷

著者——田口佳史／田村　潤
発行者——後藤淳一
発行所——株式会社PHP研究所
東京本部——〒135-8137　江東区豊洲5-6-52
第一制作部PHP新書課　☎03-3520-9615（編集）
普及部　☎03-3520-9630（販売）
京都本部——〒601-8411　京都市南区西九条北ノ内町11
組版——有限会社メディアネット
装幀者——芦澤泰偉＋児崎雅淑
印刷所
製本所——図書印刷株式会社

ISBN978-4-569-84189-2

PHP新書

PHP INTERFACE
https://www.php.co.jp/

PHP新書刊行にあたって

「繁栄を通じて平和と幸福を」(PEACE and HAPPINESS through PROSPERITY)の願いのもと、PHP研究所が創設されて今年で五十周年を迎えます。その歩みは、日本人が先の戦争を乗り越え、並々ならぬ努力を続けて、今日の繁栄を築き上げてきた軌跡に重なります。

しかし、平和で豊かな生活を手にした現在、多くの日本人は、自分が何のために生きているのか、どのように生きていきたいのかを、見失いつつあるように思われます。そして、その間にも、日本国内や世界のみならず地球規模での大きな変化が日々生起し、解決すべき問題となって私たちのもとに押し寄せてきます。

このような時代に人生の確かな価値を見出し、生きる喜びに満ちあふれた社会を実現するために、いま何が求められているのでしょうか。それは、先達が培ってきた知恵を紡ぎ直すこと、その上で自分たち一人一人がおかれた現実と進むべき未来について丹念に考えていくこと以外にはありません。

その営みは、単なる知識に終わらない深い思索へ、そしてよく生きるための哲学への旅でもあります。弊所が創設五十周年を迎えましたのを機に、PHP新書を創刊し、この新たな旅を読者と共に歩んでいきたいと思っています。多くの読者の共感と支援を心よりお願いいたします。

一九九六年十月

PHP研究所